Klaus Schäfer
Spuren kleiner Füße

W0108850

topos taschenbücher, Band 775
Eine Produktion des Verlags Friedrich Pustet

Klaus Schäfer

Spuren kleiner Füße

Erste Hilfe
nach dem Tod eines Kindes

topos taschenbücher

Verlagsgemeinschaft topos plus
Butzon & Bercker, Kevelaer
Don Bosco, München
Echter, Würzburg
Lahn-Verlag, Kevelaer
Matthias Grünewald Verlag, Ostfildern
Paulusverlag, Freiburg (Schweiz)
Friedrich Pustet, Regensburg
Tyrolia, Innsbruck

Eine Initiative der Verlagsgruppe engagement

Bibliografische Information der Deutschen Nationalbibliothek
Die Deutsche Nationalbibliothek verzeichnet diese Publikation in der
Deutschen Nationalbibliografie; detaillierte bibliografische Daten
sind im Internet über http://dnb.d-nb.de abrufbar.

Einband- und Reihengestaltung | Finken & Bumiller, Stuttgart
Herstellung | Pustet, Regensburg
Printed in Germany

Topos-ISBN: 978-3-8367-0775-6
www.toposplus.de

Inhalt

Einführung

Sie werden „Schmetterlingskinder", „Sternenkinder" oder auch „Himmelskinder" genannt. Es sind Kinder, die sehr früh sterben, viele schon im Mutterleib, meist in den ersten 12 Schwangerschaftswochen. Den Eltern ist es dann nicht gegönnt, auch nur einen Schrei ihres Kindes zu hören oder ein Lachen ihres Kindes sehen.

Die Kinder werden in einer stillen Geburt geboren. Da ist kein erster Schrei des Babys, keine Freude der Eltern, kein Glückwunsch der Hebamme. Da ist oft nur betroffenes Schweigen und große Trauer. Im englischen Sprachraum werden diese Kinder daher „stillborn children" genannt. Im deutschen Sprachraum setzt sich die Übersetzung von „stillgeborenen Kindern" nur zögerlich durch.

Es sind vollständige Kinder, die tot geboren werden. An ihnen ist alles dran: Augen, Ohren, Nase, Mund, sogar die Finger- und Fußnägel. Auch die inneren Organe sind seit der 12. SSW alle angelegt. Nichts fehlt. Dies Kinder hätten nur noch wachsen müssen.

Eltern von stillgeborenen Kindern machen in den Stunden, Tagen, Wochen und Jahren nach dieser erschütternden Nachricht des Todes ihres Kindes Schweres durch. Betroffene fühlen sich wie im freien Fall, der nicht endet, wie in einem schlechten Traum, aus dem man nur aufwachen müsste, wie in einem Horrorfilm, in dem man gleichzeitig die Hauptrolle spielt und Zuschauer ist.

Der Tod kommt normalerweise doch erst Jahrzehnte nach der Geburt, kommt im hohen Alter, mit Krankheit und Siechtum. Aber alle bisherige Sicherheit ist wie weggewischt. Nichts scheint mehr sicher zu sein. Die Kinder starben vor ihren Eltern und Großeltern. Wenn solche Lebensbilder erschüttert werden, was ist dann im Leben noch sicher? So fragen sich viele Betroffene.

Wenngleich dieses Buch hauptsächlich auf Eltern von stillgeborenen Kindern eingeht, so trifft Vieles auch für Eltern zu, deren Kind kurz nach der Geburt verstorben ist. Ihre Trauer ist nicht geringer, nur anders. Auch für sie soll dieses Buch ein guter Begleiter und wertvoller Ratgeber durch die schweren Stunden ihres Lebens sein.

Mein Dank gilt zuerst den über 500 Frauen aus ganz Deutschland, die bei den von mir durchgeführten Umfragen zu Stillgeburt mitgemacht haben. Sie haben sich den mitunter sehr persönlichen Fragen ausgesetzt, die schmerzliche Erinnerungen wachgerufen haben. Einige von ihnen mussten nach dem Lesen der Fragen erst die Tränen trocknen, bevor sie an die Beantwortung gingen. Ohne diesen Frauen und deren Bereitschaft zur Mitarbeit hätte dieses Buch in dieser Art nicht zustande kommen können.

Zu danken habe ich auch den Hebammen und Ärzten in den St.-Vincentius-Kliniken in Karlsruhe. Sie standen mir immer wieder für meine Fragen zur Verfügung, gaben wichtige Anregungen und praktische Tipps.

1. Ein Traum zerplatzt

1.1 Wie eine Seifenblase

Endlich sind Sie schwanger bzw. haben Sie sich mit der Tatsache Ihrer Schwangerschaft abgefunden. Bei den Vorsorgeuntersuchungen sahen Sie das Herz Ihres Kindes schlagen. Ihr Herz schlägt höher. Bei weiteren VSU sahen Sie Ihr Kind immer weiter wachsen. Ab der 16. SSW spürten Sie die ersten Kindsbewegungen. Sie haben sich die gemeinsame Zukunft in den schillerndsten Farben vorgestellt. Beschwingt leben Sie auf die Geburt Ihres Kindes hin, den errechneten Geburtstermin beständig vor Augen.

In diesen Tagen der Schwangerschaft muss Ihnen mitgeteilt werden, dass das Herz Ihres Kindes nicht mehr schlägt. Wie eine Seifenblase zerplatzt Ihr Traum.

1.2 Plötzlich ist man Hauptdarstellerin

Die Nachricht vom Tod des noch im Bauch befindlichen Kindes ist erschütternd. Die in guter Hoffnung lebende Mutter kann es noch gar nicht fassen. Die Gedanken überschlagen sich. Die Gefühle spielen verrückt. Verwaiste Mütter erleben diesen Ausnahmezustand sehr unterschiedlich.

„Ich schaue einen Film an, in dem ich allerdings die Hauptdarstellerin bin."
„Ich stehe neben mir und sehe von Außen zu."
„Nichts erscheint wirklich."
„Manchmal ist es so, als wenn man von jemand anderem spricht."
„Man lebt wie in einem Traum. Ich war wie gelähmt."

„Es ist, als wäre man in Watte gehüllt und würde alles nur bedingt wahrnehmen."
„Alles wird nur Stück für Stück greifbar und fassbar."

Auf nichts ist Verlass, auch nicht auf Gott. Warum ließ er dieses unschuldige Kind sterben? Warum musste Ihr Kind sterben? Straft Gott Sie damit? Wenn ja, welche Schuld haben Sie denn auf sich geladen, die so eine schlimme Strafe verdient hätte? Warum hat sich Gott nicht für das Kind eingesetzt? In seiner Allmacht hätte er dies doch leicht machen können. Oder gibt es Gott gar nicht?

Die Nachricht vom Tod des eigenen Kindes stellt die gesamte bisherige Glaubenswelt auf den Kopf. Menschen können doch nicht vor der Geburt sterben. Sie sterben doch im hohen Alter! Kinder sterben doch nicht vor ihren Eltern! So etwas ist doch verrückt! So ist es nicht verwunderlich, dass sich einige verwaiste Mütter in ihrem Gefühlschaos verrückt vorkommen:

„Ich habe eine Angstneurose bekommen, die ich immer noch habe. Alles ist seitdem anders, ich fühle mich oft wie in einer Seifenblase, nicht mehr am wirklichen Leben teilnehmend."
„Ich hatte das Gefühl, mich nicht mehr im Griff zu haben. Meine Gedanken und Gefühle schienen sich selbständig zu machen. Ich hatte das Gefühl, die Kontrolle über mich zu verlieren."
„Ich hatte gerade nach dem Tod immer extreme Angstzustände und das Gefühl, wenn ich jetzt alleine im Haus bleibe, drehe ich ganz durch."
„Auch ich dachte oft, auch heute noch, manchmal verrückt zu werden. Ich spreche mit meiner Tochter. Dies stößt auf viel Unverständnis von außen. Auch, dass ich kein weiteres Kind mehr wollte, wurde belächelt. Und auch ich selber hielt mich irgendwann für verrückt oder anders."
„Ich war geschockt und gefühllos, hatte das Gefühl, ich gehöre nicht auf diese Welt, bin von einem anderen Stern. Alle gingen

ihrem normalen Leben nach und bei mir war alles aus den Fugen geraten. Mir war alles genommen worden und ich fühlte mich wie eine Ertrinkende auf hoher See. Kein Land in Sicht und immer wieder Schiffe, die meinen Weg kreuzten, aber an mir vorbeifuhren."

„Oh ja, ich dachte auch wahnsinnig zu werden. Ich dachte: ‚Ich schaffe das nicht. Das kann ich nicht überleben'."

„Ich fühlte mich nicht als Frau. Ich dachte, dass ich nicht fähig bin, ein gesundes lebendes Kind zu bekommen. Ich fragte immer nach dem WARUM."

Sie, die verwaisten Eltern befinden sich mit dem Tod Ihres Kindes in einem absoluten Ausnahmezustand. Sie haben in kleinen Schritten wieder Vertrauen zu lernen. Wenn Sie das Gefühl haben sollten, verrückt zu sein bzw. verrückt zu werden, so ist dieser Eindruck schlimm, aber es ist für diese Situation normal. Wenn jedoch nach Wochen dieses Gefühl nicht abklingt oder gar vergangen ist, sollten Sie sich fachliche Hilfe holen.

2. Allgemeine Informationen

2.1 Definitionen

Definitionen sind unabdingbar, um sich eindeutig zu verständigen. Wer um diese Definitionen weiß und sie in rechter Weise nutzt, kann sich klar und unmissverständlich ausdrücken.

„Totgeburt" und „Fehlgeburt" sind im Personenstandsgesetz (PerStG) definiert. In der Vergangenheit wurde diese Grenze immer wieder verändert:

Bis zum Jahre 1979 galt als Totgeburt, wenn das tot geborene Kind mindestens 35 cm Körperlänge aufwies. War es kleiner, galt es als Fehlgeburt.

Im Jahre 1979 wurden als Grenze 1.000 Gramm Körpergewicht des Kindes festgelegt, denn ein lebend geborenes Kind mit weniger als 1.000 Gramm hatte beim damaligen medizinischen Stand keine Überlebenschance.

Der Fortschritt der Medizin machte es möglich, dass inzwischen lebend geborene Kinder mit 500 Gramm eine reelle Überlebenschance haben. Daher wurde die Grenze zwischen Tot- und Fehlgeburt zum 1. April 1994 auf 500 Gramm heruntergesetzt. Dies gilt noch heute.

Zuweilen werden für die während der Schwangerschaft verstorbenen Kinder „Ungeborene" (erinnert an „Untote" = Zombie?), „Leibesfrucht" oder einfach nur „Frucht" (erinnert an Obst, d.h. ist die Frau ein Baum?) benutzt. Diese Begriffe finden sich in so manchen medizinischen Büchern wie auch in einigen Bestattungsgesetzen.

Ergebnisse aus einer noch nicht veröffentlichen Umfrage unter verwaisten Müttern zeigen jedoch deutlich, wie wichtig es ist, dass immer von deren *Kind* gesprochen wird: Sowie die Frau schwanger ist, erwartet sie ein *Kind*. Beim US sieht man ab der 6. SSW das Herz des *Kindes* schlagen.

Wenn das Herz des Kindes nicht mehr schlägt, warum soll es dann plötzlich kein Kind mehr sein?

Wer vom „Kind" spricht, erkennt das Menschsein dieses Kindes an, aber auch die Trauer der Eltern. Dies allein ist für alle verwaisten Eltern tröstlich. Wenn die Eltern sich bereits für einen Namen des Kindes entschieden hatten, sollte dieser im Gespräch mit den Eltern benutzt werden. Das wirkt ähnlich tröstlich.

Im Rechtswesen ist zwischen Tot- und Fehlgeburt zu unterscheiden. „Geburt" bezeichnet jedoch den Vorgang, nicht das Kind. Es wird der Name des Kindes ins Stammbuch eingetragen, nicht der Name der Geburt oder Lebendgeburt. Daher sind die tot geborenen Kinder auch als „fehlgeborenes Kind" bei weniger als 500 Gramm und als „totgeborenes Kind" bei mindestens 500 Gramm zu bezeichnen. An diese klaren Begriffe sollten die Gesetze – insbesondere die der Bestattung – angepasst werden.

Die folgende Tabelle führt die häufigsten Begriffe zum Thema Stillgeburt, den Bereich ihrer Definition und die dazugehörige Definition auf:

Begriff	Bereich	Definition
Schwangerschaft	Medizin	Nach der Verschmelzung von Ei- und Samenzelle in der Frau ist diese schwanger. Der Ort der befruchteten Eizelle spielt hierbei keine Rolle. Daher spricht man auch in besonderen Fällen von einer Eierstock-, Eileiter- oder Bauchhöhlenschwangerschaft.

Embryo	Medizin	ein Kind bis zur 12. SSW
Fötus	Medizin	ein Kind ab der 12. SSW
Frühabort	Medizin	Tod des Kindes bis zur 12. SSW = frühe Fehlgeburt (erfordert meist eine Ausschabung unter Vollnarkose)
Spätabort	Medizin	Tod des Kindes nach der 12. SSW = späte Fehlgeburt (Das tote Kind wird meist durch eine eingeleitete Geburt zur Welt gebracht.)
Frühchen	Medizin	ein lebend geborenes Kind mit weniger als 2.500 Gramm oder ein vor der vollendeten 37. SSW lebend geborenes Kind
Entbindung	Medizin / Recht	Medizinische Bezeichnung für die Abtrennung des Kindes vom mütterlichen Organismus; arbeitsrechtlich (MuSchG (D)) ist es die Geburt eines lebenden Kindes (Lebendgeburt) oder eines toten Kindes mit mindestens 500 Gramm (Totgeburt).
Lebendgeburt	Recht	ein lebendig geborenes Kind, unabhängig vom Gewicht, Alter und der Lebensdauer
Fehlgeburt	Recht	ein totgeborenes Kind mit weniger als 500 Gramm
Totgeburt	Recht	ein totgeborenes Kind mit mindestens 500 Gramm (ab ca. 20. SSW)

Frühgeburt ***	Recht	ein vor vollendeter 37. SSW lebend oder tot geborenes Kind mit mindestens 500 Gramm Gewicht
Mangelgeburt ***	Recht	ein mit weniger als 2.500 Gramm lebend oder tot geborenes Kind
Person	Recht	Nach dem Personenstandsgesetz ist eine Person ein lebend oder ein tot geborenes Kind. Wiegt das tot geborene Kind allerdings weniger als 500 Gramm, so ist es rechtlich keine Person.
Mensch	–	Das Menschsein beginnt mit der Verschmelzung von Ei- und Samenzelle. (Diese Auffassung vertreten vor allem kirchliche Kreise, insbesondere die Katholische Kirche.) Es gibt aber auch die Auffassung, dass das Menschsein mit dem Einnisten in die Gebärmutter beginnt. Dies ist etwa 7–14 Tage später.
Stillgeboren / Stillgeburt		Zusammenfassend bezeichnet der Begriff alle tot geborenen Kinder. Im englischen Sprachraum ist dieser Begriff (stillborn Children) bereits üblich.

2.2 Todesursachen

Wir Menschen haben das natürliche Bedürfnis, die Welt zu verstehen, in der wir leben. Dies gilt in besonderer Weise, wenn wir an Grenzen unseres menschlichen Lebens stoßen oder wenn das Erlebte nicht zu unseren bisherigen Erfahrungen passt.

Diesem natürlichen Bedürfnis des Menschen nach Wissen und Verständnis soll hier entsprochen werden. Sie sollen die häufigsten Todesursachen genannt bekommen.

2.2.1 Ursachen für den frühen Tod des Kindes

Die meisten betroffenen Eltern fragen nach dem Warum. Es kann hierauf nur eine medizinische Antwort gegeben werden. Eine philosophische oder theologische Antwort kann hierzu nicht gegeben werden. Im Pschyrembel (259. Auflage), dem Standardwörterbuch der Medizin, werden sechs Gruppen von Ursachen des frühen Todes eines Kindes genannt:

Genetische Anomalien der Elternteile oder des Kindes
Diese Ursache wird umso eher angenommen, je früher ein Kind während der Schwangerschaft stirbt. D. h., dass besonders beim Tod des Kindes in den ersten 12 SSW meist schwerste genetische Defekte die Ursache für den frühen Tod des Kindes sind. Würde sich ein solches Kind weiterentwickeln, so wäre es nicht lebensfähig.

Lokale bzw. generalisierte Infektion
Schwere Infektionen können zum Tod des Kindes führen. Hierzu zählen unter anderem Chlamydia trachomatis (Zellparasit), Toxoplasma gondii (eine durch Tiere übertragene Infektion), Zytomegalie-Virus (Speicheldrüsen-Viruskrankheit).

Störung oder Erkrankung mütterlicherseits

Uterine Fehlbildungen (z. B. Uterus septus duplex, Uterus didelphys separatus), Corpusuteum-Insuffizienz (Funktionsschwäche des Gelbkörpers) und Diabetes mellitus (Zuckerkrankheit) können zum Tod des ungeborenen Kindes führen.

Immunologische Gründe

Das Antiphospholipid-Syndrom (APLS) tritt meist bei jungen Frauen auf. Es ist eine Thrombose-Erkrankung, die zu einem Plazentainfarkt führen kann. Dadurch wird das Kind nicht mehr ausreichend mit Sauerstoff und Nährstoffen versorgt. Zunächst bleibt das Kind im Wachstum zurück und stirbt später.

Exogene Noxen

Bestimmte Arzneimittel, Pflanzenschutzgifte und radioaktive Strahlung können zum Tod des ungeborenen Kindes führen. Mit dazu gehören auch Drogen, Alkohol und Nikotin. Das Nippen an einem Sektglas gefährdet das Leben eines Kindes sicher nicht, ein Vollrausch hingegen sicherlich. Die Übergänge sind hierbei fließend wie auch individuell.

Psychosoziale Faktoren

Krieg, Flucht, Trennung, starker Stress und andere schwere psychische Belastungen können dazu führen, dass das ungeborene Kind stirbt. Wie im Punkt 5 sind auch hier die Grenzen der Gefährdung des Kindes fließend und sehr individuell.

Wenn hier auch die medizinischen Ursachen getrennt aufgeführt sind, so ist es im Leben doch häufig so, dass verschiedene Kriterien die Ursache für den Tod des Kindes sind.

2.2.2 Ursachen für einen späteren Tod des Kindes

Auch wenn die kritischen ersten 12 SSW überwunden sind, kann der Tod des Kindes noch immer eintreten. Die Gründe hierfür können sein:

Plazentainsuffizienz

Die Plazenta ist zusammen mit der Nabelschnur das wichtigste Bindeglied zwischen Mutter und Kind. Über sie läuft der gesamte Blutaustausch. Wie bei jedem Blutgefäß kann es zu einem Gefäßverschluss kommen. Dies entspricht in etwa einem Herzinfarkt.

Kommt es zu einer Plazentainsuffizienz, so wird das Kind nicht mehr (ausreichend) mit Blut versorgt. Die Folge ist, dass das Kind faktisch verhungert und dann stirbt.

Die Medizin kennt noch keine Therapie für eine Plazentainsuffizienz.

Nabelschnur um den Hals

Rund die Hälfte der Kinder haben bei der Geburt die Nabelschnur um den Hals. Dieser Umstand allein ist nicht besorgniserregend. Gefährlich wird es dann, wenn das Kind längere Zeit im Geburtskanal stecken bleibt oder die Nabelschnur zu kurz ist. Kommt dann die Geburt ins Stocken, kann es zu einer Unterversorgung des Kindes kommen. Als Folge hiervon kann das Kind sterben. Auch hier kennt die Medizin keine Schutz- oder Gegenmaßnahme.

ET plus

So wie einige Kinder vor dem errechneten Geburtstermin (ET) geboren werden, so auch einige später. Als Faustregel gilt, dass bei ET+10 (Tagen) die Geburt eingeleitet wird, um das Kind nicht zu gefährden.

Es kommt jedoch vor – wenn auch sehr selten –, dass in diesen Tagen ET+ das Kind plötzlich stirbt. Für betroffene Eltern ist dies sehr belastend. Sie stellen sich die Frage, warum denn nicht die Geburt nicht am errechneten Termin eingeleitet wurde. Hierzu gab es keine medizinische Notwendigkeit. Es gibt Frauen, die seit dem errechneten Geburtstermin täglich zum Frauenarzt gingen und sich untersuchen ließen. Dabei wurde nichts Auffälliges festgestellt, das die Einleitung der Geburt hätte anraten können. Und dennoch sterben manchmal auch die Kinder derart vorsorglicher Frauen.

Für Betroffene ist es sehr schwer, den Tod des Kindes anzunehmen. Viele Paare versuchen, dem Frauenarzt eine (Mit-)Schuld zuzuschieben. Dies ist verständlich, aber sachlich unbegründet.

Plötzlicher Kindstod (SID)

Auch beim plötzlichen Kindstod (Sudden Infant Death = SID) gibt es keine Vorzeichen. Plötzlich liegt das Kind tot im Bett. Es gibt sogar Fälle, da starb das Kind in den Armen der Mutter, ohne dass diese etwas vom Sterben bemerkte.

Fazit

Das menschliche Leben ist zu allen Zeiten gefährdet. Dies trifft auch für die Zeit der Schwangerschaft und der Geburt zu. Ohnmächtig müssen wir es hinnehmen. Hilflos sind wir hierbei der Natur ausgeliefert.

Dies zu erkennen, macht den Tod des Kindes nicht erträglicher. Verstärkt dieses Wissen doch das Gefühl der Ohnmacht. Gleichzeitig nimmt es jedoch die Schuldzuweisungen an Ärzte und sich selbst. Rund 2/3 der verwaisten Mütter fühlen sich am Tod des Kindes schuldig. Dafür gibt es jedoch keinen Grund. Wir können den frühen Tod von Kindern trotz aller Vorsorgeuntersuchungen und High-Tech-Medizin nicht in allen Fällen verhindern.

2.2.3 Obduktion und humangenetische Untersuchung

Bei jedem Tod eines Kindes während der Schwangerschaft stellt sich die Frage, ob eine Obduktion und/oder eine humangenetische Untersuchung durchgeführt werden soll. Damit Sie eine für Sie tragbare und gute Entscheidung treffen können, sollten Sie wissen, worin sich diese Untersuchungen unterscheiden, was sie vermögen und wo ihre Grenzen sind.

Obduktion
Eine Obduktion ähnelt einer rechtsmedizinischen Sektion. Die „Leitlinien der Deutschen Gesellschaft für Rechtsmedizin" sind zu finden unter: http://www.uni-duesseldorf.de/ WWW/AWMF/ll/054-001.htm.

Eine Obduktion (klinische Sektion) dient u.a. zur Feststellung von Todesursachen und Krankheitszusammenhängen, bei stillgeborenen Kindern insbesondere von gravierenden Fehlbildungen, die ein nicht lebensfähiges Kind nach sich ziehen. (Pschyrembel, Klinisches Wörterbuch)

Bei der klinischen Obduktion werden nach vorgegebenen Standards dem Kind Gewebeproben der Organe entnommen und untersucht. Bei in den ersten 12 SSW verstorbenen Kindern sind die inneren Organe naturgemäß noch so klein, dass die Proben die inneren Organe in ihrer Gesamtheit umfassen. Unabhängig vom Alter wird der äußere Körper und bei größeren Kindern zusätzlich alle verbliebenen inneren Organe nach sorgfältiger Begutachtung bestattet bzw. eine Bestattung kann gewünscht werden.

Eine Obduktion kann nur körperliche Missbildungen und organische Schäden feststellen. Hierbei wird auf äußere Auffälligkeiten geachtet, aber auch von Organen Proben für mikroskopische Untersuchungen entnommen. Es wird darauf geachtet, ob alle Organe regelrecht angelegt und entwickelt sind.

Eine Obduktion kann keine genetische Veränderung feststellen, ebenso wenig wie sie einen übermäßigen Tabak- oder Alkoholgenuss oder Drogenkonsum als Todesursache eines Kindes feststellen kann.

Manche verwaiste Eltern fragen sich, ob eine Obduktion ethisch vertretbar sei, da dabei der Körper ihres Kindes aufgeschnitten und Gewebeproben entnommen werden. Sie können beruhigt werden. Die Kirchen haben keine Einwände gegen eine Obduktion. Für sie stellt die Obduktion keine Störung der Totenruhe dar.

Humangenetische Untersuchung

Die Humangenetik befasst sich mit der Vererbung genetischer Merkmale beim Menschen, den Ursachen genetischer Krankheiten und deren Vermeidung bzw. Behandlung. (Pschyrembel, Klinisches Wörterbuch) Bei der humangenetischen Untersuchung wird nach chromosomalen Unstimmigkeiten Ausschau gehalten, d.h. Erbkrankheiten (z.B. Trisomie) und chromosomale Schäden (z.B. durch Radioaktivität und genverändernde chemische Stoffe). Diese Untersuchung zahlt in Deutschland keine Krankenkasse.

Es ist zu viel Arbeits- und Kostenaufwand, auf die rund 3.000 genetischen Erkrankungen hin zu untersuchen. Daher werden nur die häufigsten bzw. die zu erwartenden (z.B. bereits bekannte erbliche Vorbelastung) Erkrankungen untersucht.

Die humangenetische Untersuchung kann nur die genetischen Veränderungen feststellen, nach denen gezielt gesucht wird. Die Aussage einer humangenetischen Untersuchung kann daher nie lauten „Das Kind war genetisch gesund", sondern nur „Das Kind hatte die untersuchte genetische Veränderung nicht". Wurden chromosomale Schäden festgestellt, so können die Ursachen nicht ermittelt werden. Es ist unmöglich zu sagen, ob die Ursache Radioaktivität oder genverändernde chemische Stoffe, oder etwas anderes ist.

Für Eltern und Mediziner kann es hilfreich sein, um die Todesursache zu wissen, nicht nur im Falle eines Wunsches nach Folgekind(er). Viele verwaiste Eltern konnten beruhigter leben, nachdem sie die Todesursache kannten.

Entscheidungshilfe
Die Todesursache des Kindes zu kennen, mindert häufig die Schuldgefühle der Mütter. Gleichzeitig stellen sie die Frage, wie hoch das Wiederholungsrisiko ist. Dies muss mit einem Frauenarzt abgeklärt werden.

Auch wenn die Obduktion keine Todesursache feststellen kann, so wissen Eltern zumindest, dass sie ein Kind ohne Fehlbildungen hatten. Im Falle einer Folgeschwangerschaft brauchen sie daher nicht zu befürchten, dass ihr Kind ein hohes Risiko hat, genetisch geschädigt zu sein.

Hilfe für Mediziner
Sollte bei der Obduktion festgestellt werden, dass das Kind an einer Erkrankung oder Fehlbildung gestorben ist, gegen die die heutige Medizin wirksam vorgehen kann, so können die Ärzte im Falle einer Folgeschwangerschaft darauf achten, dass das Folgekind nicht wieder daran stirbt.

Bei der Vielzahl der Todesursachen kann die Medizin nicht auf alle Möglichkeiten achten. Wenn sie jedoch weiß, dass eine Frau z.B. eine unentdeckte Schwangerschaftsdiabetes hatte, kann ihr Frauenarzt bei Folgeschwangerschaft(en) den entsprechenden Wert ständig beobachten und ggf. medikamentös eingreifen.

Auch die Plazenta wird untersucht, ob das Kind ausreichend versorgt wurde (z.B. Plazentainsuffizienz) oder andere krankhafte Veränderungen (z.B. aufsteigende Infektionen) nachweisbar sind.

Zusätzlich kann die Mutter auf Infektionskrankheiten hin untersucht werden, die eine Stillgeburt auslösen können.

Die Entscheidung, ob eine Obduktion durchgeführt werden soll, ist nicht einfach, da die Eltern gefühlsmäßig ihr Kind vor jedem weiteren Schaden bewahren wollen. Viele verwaiste Mütter haben in den ersten Stunden und Tagen nach der Todesnachricht kein großes Interesse an der Todesursache Ihres Kindes, denn dieses Wissen macht ihr Kind auch nicht wieder lebendig. Die meisten Mütter beginnen erst nach Tagen und Wochen zu fragen, warum ihr Kind nicht leben konnte. Dann kann jedoch keine Obduktion mehr vorgenommen werden, da der Zerfall der Körperzellen für eine aussagekräftige histologische Untersuchung bereits zu weit fortgeschritten ist.

Fazit
Es spricht sehr viel dafür, eine Obduktion machen zu lassen. Es gibt wenige Gründe, diese abzulehnen. Letztlich müssen die Eltern selbst entscheiden, was ihnen auf Dauer hilft. Hier wurden lediglich die nötigen Informationen zusammengestellt, die zu einer Entscheidung helfen können. Weitere Entscheidungshilfen bieten Schwangerschaftskonfliktberatungsstellen (pro Familia, Caritas, Diakonie, Sozialdienst katholischer Frauen (SkF), Donum vitae, u. a.).

Eine Obduktion darf nur mit dem ausdrücklichen Einverständnis der Eltern vorgenommen werden. Sie müssen sich nicht sofort entscheiden, sollten sich jedoch bis spätestens zwei Tage nach der Geburt des Kindes entschieden haben, da später keine gesicherten Ergebnisse erzielt werden können.

Die Zustimmung kann jederzeit widerrufen werden. Sollte die Obduktion zunächst abgelehnt worden sein, so kann in den ersten beiden Tagen nach der Geburt des Kindes noch die Zustimmung zur Obduktion erteilt werden.

2.3 Häufigkeit von Stillgeburten

Immer wieder stellen verwaiste Eltern die Frage: Wie häufig kommt der natürliche Tod eines Kindes während der Schwangerschaft vor? Als erste Antwort muss man sagen: sehr häufig.

Diese Antwort mag zunächst unglaubwürdig erscheinen. Hat man jedoch die ersten Monate nach dem Tod des Kindes hinter sich gebracht, wird es verständlich, warum man bislang nichts oder so wenig davon gehört hat. Es liegt im Wesentlichen daran, dass die Gesellschaft sehr schlecht mit diesem Thema und der damit verbundenen Trauer umgehen kann. Gut gemeinte Tröstungen wie „Du bist ja noch jung. Du kannst noch viele Kinder kriegen" verletzen. Dann ziehen sich die verwaisten Eltern zurück und trauen sich kaum noch, vom Tod ihres Kindes zu erzählen: *„Ich habe nur Freunde davon informiert, bei denen ich mir sicher sein konnte, dass sie mich nicht verletzen."*

Gesicherte Zahlen über die Anzahl der während der Schwangerschaft verstorbenen Kinder gibt es für Deutschland kaum. Es werden nur die totgeborenen Kinder erfasst.

2.4 Statistik zu Stillgeburt

| Jahr | Totgeburt* ab 20. SSW* | | Lebendgeburt | | | | | |
| | | | In der ersten Woche verstorben | | Im ersten Monat verstorben | | Im ersten Jahr verstorben | |
	absolut	je 1.000	absolut	je 1.000	absolut	je 1.000	absolut	je 1.000
1980	4.954		5.582				10.779	
1985	3.601		3.287				7.419	
1990	3.202	3,5	2.488	2,7	3.377	3,7	6.385	7,1
1991	2.741	3,3	2.101	2,5	2.901	3,5	5.711	6,7
1992	2.660	3,3	2.039	2,5	2.746	3,4	4.992	6,1
1993	2.467	3,1	1.891	2,4	2.499	3,1	4.665	5,8
1994	3.113	4,0	1.853	2,4	2.480	3,2	4.309	5,6
1995	3.405	4,4	1.839	2,4	2.433	3,2	4.053	5,3
1996	3.573	4,5	1.867	2,3	2.388	3,0	3.962	5,0
1997	3.510	4,3	1.779	2,2	2.350	2,9	3.951	4,8
1998	3.190	4,0	1.677	2,1	2.200	2,8	3.666	4,7
1999	3.118	4,0	1.685	2,2	2.208	2,9	3.496	4,5
2000	3.084	4,0	1.594	2,1	2.092	2,7	3.362	4,4
2001	2.881	3,7	1.498	2,0	1.974	2,7	3.163	4,3
2002	2.700	3,7	1.507	2,1	1.978	2,8	3.036	4,2
2003	2.699	3,8	1.494	2,1	1.943	2,7	2.990	4,2
2004	2.728	3,9	1.446	2,0	1.892	2,7	2.918	4,1
2005	2.487	3,6	1.330	1,9	1.733	2,5	2.696	3,9
2006	2.420	3,6	1.324	2,0	1.738	2,6	2.579	3,8
2007	2.371	3,5	1.424	2,1	1.822	2,7	2.656	3,9
2008	2.412	3,5	1.220	1,8	1.607	2,4	2.414	3,5
2009	2.338	3,5	1.220	1,8	1.547	2,3	2.334	3,5

Quelle: Statistisches Jahrbuch der Bundesrepublik (Deutschland)
* = Totgeburt ab 1.000 Gramm bis 1.4.1994, seither 500 Gramm.
je 1.000 = je 1.000 Lebendgeburten

Alle Totgeburten, Lebendgeburten und nach der Geburt verstorbenen Kinder werden vom Statistischen Bundesamt erfasst, Fehlgeburten jedoch nicht.

Eine annähernde Zahl über den Tod von Kindern während der Schwangerschaft liefert das Statistische Landesamt Baden-Württemberg. Danach wurden 9.800 Frauen im Jahre 1998, 9.445 Frauen im Jahre 1999 und 8.715 Frauen im Jahre 2000 in baden-württembergischen Krankenhäusern wegen einer Fehlgeburt behandelt (Landtag von Baden-Württemberg: Drucksache 13/393 vom 6.11.2001, 3).

Einige Hinweise auf diese statistischen Zahlen

Eine Tabelle voller Zahlen besagt zunächst recht wenig. Erst wenn die Zahlen in ihrem Zusammenhang gesehen und richtig gedeutet werden, bekommen sie greifbare Gestalt.

Es ist darauf hinzuweisen, dass 1990 etwa doppelt so viele Kinder ein Jahr nach der Geburt gestorben sind, wie es Totgeburten gab (6.385 zu 3.202, relativ betrachtet 7,1 zu 3,5). Nach der Absenkung der 1.000-Gramm-Grenze auf 500 Gramm im Jahre 1994 stieg die relative Zahl um etwa 1,3 Prozentpunkte an (3,1 für 1993 zu 4,4 für 1995).

Heute haben sich die Zahlen der im ersten Jahr nach der Geburt verstorbenen Kinder zu den Totgeburten völlig angeglichen. Dies ist auf eine Verbesserung der medizinischen Möglichkeiten in der Nachsorge nach der Geburt zurückzuführen. Für die Situation im Mutterleib kann die Medizin nicht ähnlich wirksame Verbesserungen aufzeigen.

In den 15 Jahren von 1995 bis 2009 verringerte sich die Zahl der im ersten Jahr nach der Geburt verstorbenen Kinder von 5,3 auf 3,5 je 1.000 Lebendgeburten. Dies ist ein Rückgang um 1,8. Im gleichen Zeitraum verringerte sich die Zahl der Totgeburten von 4,4 auf 3,5 je 1.000 Lebendgeburten. Dies ist ein Rückgang um 0,9. Das heißt, dass die Medizin in diesen Jahren zwar die Sterblichkeit nach der Geburt geringfügig senken konnte, aber trotz des Fortschritts wenig am Tod vor der Geburt verändern kann.

Die Anzahl der in der 1. Woche nach ihrer Geburt verstorben Kinder hat sich in diesen 15 Jahren von 2,4 auf 1,8 je 1.000 Lebendgeburten nicht nennenswert verändert.

Fazit

In den letzten 15 Jahren erfolgten im Bereich der Totgeburten und der in der ersten Woche nach der Geburt verstorbenen Kinder kaum noch Verbesserungen. Die Medizin scheint beim Tod von Kindern an eine Grenze des Machbaren gekommen zu sein.

Dies heißt, dass das Thema „früher Tod von Kindern" auch noch für die nächsten Generationen ein unvermindert brennendes Thema bleiben wird.

Bei all diesen Zahlen sollte nicht vergessen werden, dass hinter jedem einzelnen Fall ein Kind steht, das während der Schwangerschaft gestorben ist. Hinter jeder Zahl steht auch eine Familie, die um dieses Kind trauert.

Die biblischen Worte „In deinem Land wird es keine Frau geben, die eine Fehlgeburt hat oder kinderlos bleibt. Ich lasse dich die volle Zahl deiner Lebenstage erreichen." (Ex 23,26) mögen Hoffnung geben, aber sie entsprechen nicht der Realität.

2.5 Der Regenbogen der Trauer

Verwaiste Eltern, deren Kind während der Schwangerschaft starb, bekommen manchmal Worte zu hören wie „Sei froh, dass es so früh gestorben ist. Später wäre es noch viel schlimmer." Aber was heißt im Blick auf den Tod eines Kindes „schlimmer"?

Selbstverständlich ist es ein Unterschied, ob das Kind plötzlich gestorben ist oder erwartet, ob in der frühen Phase oder gegen Ende der Schwangerschaft, ob während oder nach der Geburt. Allen Situationen gemeinsam ist jedoch: Es starb ein Kind, um das die Eltern nun trauern.

Um die Unterschiede in der Gemeinsamkeit auszudrücken, spreche ich gerne von den „Farben der Trauer". Für den Tod eines Kindes kann dies anhand des Regenbogens wie folgt verdeutlicht werden:

Farbe	Situation der Trauer
Rot	Das Kind stirbt in den ersten 12 SSW.
Orange	Das Kind stirbt in den ersten 27 SSW.
Gelb	Das Kind stirbt vor der Geburt
Grün	Das Kind stirbt während der Geburt.
Blau	Das Kind stirbt in den ersten 7 Tagen nach der Geburt.
Violett	Das Kind stirbt nach der Geburt.

Wer will sagen, dass die eine oder andere Trauer schlimmer oder besser sei? - Die Eltern trauern anders, aber sie trauern um ihr verstorbenes Kind. So wie jede Farbe ihren Eigenwert besitzt, der nicht gegen den einer anderen Farbe auf- oder gegengerechnet werden kann, so ist es auch mit der Trauer um ein verstorbenes Kind. Auch diese können wir weder auf- noch gegenrechnen.

3 Tod des Kindes in der Klinik und zuhause

3.1 Differenzierungen

Leben ist lebensgefährlich. Wenn es nicht mehr lebensgefährlich ist, sind wir nicht mehr am Leben. – Dieses Wortspiel drückt aus, dass unser Leben an allen Orten zu jeder Zeit gefährdet ist. Ob nun als kleines Kind noch im Mutterleib, als Neugeborenes oder bereits in die Jahre gekommener Mensch, die Gefährdung des Lebens ist immer gegeben.

Der Tod kennt keine Auszeit: So hart diese Worte sind, so wahr und zutreffend sind sie auch. Wir Menschen meinen häufig, wenn gefährliche Situationen oder Zeiten überstanden sind, dann könne nichts mehr passieren. Das Leben lehrt uns, dass wir uns nie in absoluter Sicherheit wiegen können.

Dabei gibt es den plötzlichen Tod, den niemand vorhersehen kann, den befürchteten und den erwarteten Tod. Jeder von ihnen hat seine Eigenarten.

Plötzlicher Tod des Kindes
Für den plötzlichen Tod eines Kindes gibt es keine Anzeichen. Man sieht sich diesem Tod ohnmächtig ausgeliefert. Nur in wenigen Fällen kann man hernach die Todesursache eindeutig bestimmen. Oft bleibt die Frage unbeantwortet, woran das Kind gestorben ist.

Die ersten 12 SSW: Die meisten Frauen wissen, dass Kinder noch während der ersten 12 SSW sehr gefährdet sind. Die Natur führt in dieser Zeit eine Art von Selbsttest durch, ob das Kind alle lebenswichtigen Organe besitzt und damit überhaupt lebensfähig ist. Trifft dies nicht zu, so wird das Kind „verstoßen". Warum sollte die Natur ein nicht lebensfähiges Kind sich weiterentwickeln lassen?

Die Eltern fühlen sich auf der sicheren Seite, wenn die 13. SSW erreicht ist. Doch Kinder sterben auch in der 14., 20. und 27. SSW.

Die ersten 27 SSW: Ab der 27. SSW gelten Kinder als lebensfähig. Alle fühlen sich damit auf der sicheren Seite. Wenn jetzt noch Komplikationen auftreten, kann die Geburt eingeleitet und somit das Kind gerettet werden. So denken viele. Das Leben lehrt jedoch, dass auch nach der 27. SSW Kinder noch im Mutterleib gefährdet sind. Selten gibt es vorher irgendwelche Anzeichen. Plötzlich heißt es: Das Kind ist tot.

Die ersten 37 SSW: Ab der 38. SSW gilt ein lebend geborenes Kind nicht mehr als „Frühgeborenes", meist nur „Frühchen" genannt. Es braucht in der Regel keine besondere Pflege mehr. Das Sicherheitsgefühl steigt noch weiter. Das Leben lehrt, dass auch noch Kinder in der 38., 39. und 40. SSW sterben. Auch hier gehen selten irgendwelche Anzeichen voraus. Das Kind ist einfach tot.

Es kommt vereinzelt sogar vor, dass die Mutter um den errechneten Geburtstermin mit Wehen ins Krankenhaus geht und dort dann festgestellt wird, dass das zu gebärende Kind tot ist.

Die Geburt: Manchen Müttern ist bewusst, dass die Geburt ein geringes, aber dennoch gewisses Risiko birgt. Daran ändert auch jede noch so gute Betreuung durch eine Hebamme und der ganze Fortschritt der Medizin nichts. Die Geburt ist und bleibt ein gewisses Risiko.

In sehr wenigen Fällen endet die Geburt mit dem Tod des Kindes. Auch wenn die Zahl bei 1:1.000.000 liegt, so tröstet dies wenig, wenn man selbst davon betroffen ist.

Die ersten 8 Tage: Die ersten 8 Tage nach der Geburt beinhalten ebenfalls ein gewisses Risiko. Besonders hoch ist dieses Risiko für die Kinder, die bereits eine Krankheit aus der Zeit der Schwangerschaft mitbringen. Doch daneben gibt es auch den von allen gefürchteten plötzlichen Kindstod. Ohne vorheriges Anzeichen liegt das Kind plötzlich tot im Bett. Es ist selten eine Ursache festzustellen.

Die ersten 30 Tage: Statistisch werden auch noch die Kinder erfasst, die in den ersten 30 Tagen nach ihrer Geburt sterben. Der nächste statistisch erfasste Zeitraum ist dann das 1. Lebensjahr.

Das Schwere hieran ist, dass der Tod plötzlich, ohne jede Vorankündigung eintrat. Man fühlt sich als Betroffener so ohnmächtig und hilflos.

Befürchteter Tod des Kindes

Manchmal wird bei einer Untersuchung des Kindes eine Krankheit festgestellt. Auch wenn sie lebensbedrohlich ist, so bemühen sich Ärzte und Eltern darum, das Leben des Kindes zu retten. Manchmal gelingt es, manchmal leider nicht.

Als Eltern weiß man von der Bedrohung. Alle hoffen, dass die Bemühungen Erfolg haben und das Leben des Kindes gerettet werden kann. Wenn das Kind trotz aller Bemühungen stirbt, stirbt auch alle Hoffnung. Als Eltern kommt der Tod jedoch nicht völlig unerwartet. Man sah ihn schon Tage, Wochen oder gar Monate als Bedrohung für das Kind.

Das Schwere hieran ist, dass der Tod als Bedrohung gesehen wurde, er aber nicht abgewehrt werden konnte. Alle Bemühungen waren vergebens. Andererseits kann auch gesagt werden, dass nichts unversucht blieb, um das Leben des Kindes zu retten.

Erwarteter Tod des Kindes

Manchmal wird bei einer Untersuchung des Kindes eine Erkrankung festgestellt, die sich „nicht mit dem Leben vereinbaren lässt". Dies bedeutet, dass das Kind keine Chance zum Überleben hat. Es kann noch leben, solange es durch die Nabelschnur versorgt wird, wird aber während oder bald nach der Geburt sterben.

Diese Nachricht ist hart. Alle wissen, dass das noch lebende Kind keine Chance hat, weiter zu leben. Die betroffenen Eltern leben damit auf den sicheren Tod ihres Kindes hin. Niemand kennt das genaue Datum, aber alle wissen, dass dieser Tag in wenigen Monaten, Wochen oder gar Tagen kommen wird.

Der Schwere daran ist, dass man den sicheren Tod vor Augen hat und ihn nicht abwehren kann. Man weiß, was auf einen zu kommt und kann nichts dagegen unternehmen. Dieses Gefühl der Ohnmacht ist grenzenlos.

Der Tod eines Kindes

Den betroffenen Eltern und ihren Familien – Geschwisterkindern, Großeltern, Onkeln und Tanten – ist es zweitrangig, woran und wie das Kind gestorben ist. Es ist ihnen ein Kind gestorben, auf das sie sich gefreut haben, das nun eine Lücke hinterlässt. Diese Lücke schließt auch kein Folgekind, gleichgültig wie viele noch nachgeboren werden.

3.2 Tod des Kindes in den ersten 12 SSW

Von den während der Schwangerschaft sterbenden Kindern sterben weit über 90% in den ersten 12 SSW. Es liegt wesentlich daran, dass in diesen Wochen die Organe angelegt werden. Daher wird diese Zeit in der Medizin auch „Organogenese" genannt. Wenn in dieser Zeit aus irgendeinem Grund ein Organ nicht bzw. nicht in rechter Weise angelegt wird, ist das Kind meist nicht lebensfähig. Die Natur macht hierbei einen Art Selbsttest. Wenn bis zur 12. SSW klar ist, dass das Kind nicht lebensfähig ist, wird dies vom Körper der Mutter erkannt und das Kind abgestoßen.

Wurde im frühen Stadium der Schwangerschaft (bis ca. 14. SSW) der Tod des Kindes festgestellt, so kann noch wenige Tage gewartet werden, ob das Kind natürlich abgeht. Es ist in jedem Fall dringend anzuraten, anschließend eine Ausschabung vornehmen zu lassen, denn wenn die Plazenta nicht vollständig mit abgegangen ist, können kleine Reste innerhalb von wenigen Monaten bösartigen Krebs verursachen. Meist treten anhaltende Blutungen auf. Es kann jedoch auch zu Blutvergiftung und Sterilität kommen. Daher sollte der Gang zum Frauenarzt nach dem frühen Tod eines Kindes auf jeden Fall erfolgen.

Sind noch Reste der Plazenta oder gar noch das Kind in der Gebärmutter, so gibt es grundsätzlich zwei Methoden: Ausschabung und Absaugen. Beide werden unter kurzer Vollnarkose durchgeführt. In beiden Fällen bleibt das Kind nicht unversehrt. Es kann daher nicht angesehen werden.

Meist wird eine Ausschabung (lat. Abrasio) vorgenommen. Hierzu wird der Frau zunächst eine Tablette oder ein Zäpfchen in die Scheide eingeführt und vor den Muttermund platziert. Der Wirkstoff führt dazu, dass sich dieser öffnet. Der Frauenarzt führt dann ein löffelartiges Instrument in die Gebärmutter ein und schabt diese aus.

Beim Absaugen führt der Frauenarzt ein Röhrchen in

die Gebärmutter ein, das an einen Absauger angeschlossen ist. Damit wird das Gewebe abgesaugt.

Beide Eingriffe bedeuten für die meisten Frauen keine größere körperliche Belastung. Viele von ihnen können nach wenigen Stunden nach dem Erwachen aus der Narkose nach Hause gehen.

Mitunter kommt es vor, dass bei der Ultraschalluntersuchung kein Kind gefunden wurde. Das verstorbene Kind ist dann auf der Toilette unbemerkt abgegangen oder wurde vom Körper resorbiert, d.h. aufgelöst und aufgenommen.

Bei vielen Frauen ist zu beobachten, dass sie die Zeit in der Klinik mit der Haltung erleben: Augen zu und durch. Sie leben in der Hoffnung und Vorstellung, dass das alles nur ein böser Traum ist, aus dem sie nur erwachen müssten. Wenn sie zu Hause wären, würden sie schon aufwachen und die Schwangerschaft fortsetzen. Sie tun sich sehr schwer, die Realität anzuerkennen.

Sind sie aus der Klinik entlassen, so dämmert es ihnen nach Tagen, dass es doch kein böser Traum war, sondern harte Wirklichkeit. Sie haben sich nun mit der Tatsache auseinanderzusetzen, dass sie nicht mehr schwanger sind, dass ihr Kind gestorben ist. Dies ist ein schmerzreicher, aber unausbleiblicher und wichtiger Prozess.

Gegenüber den anderen Frauen, deren Kind nach der 14. SSW gestorben ist, fehlen ihnen sämtliche direkte Erinnerungen an ihr Kind:
- Sie haben kein Bild von ihrem Kind, vielleicht nur ein Ultraschallbild.
- Sie haben keine Fuß- und Handabdrücke ihres Kindes.
- Sie konnten ihr Kind nicht sehen, nicht kennen lernen und damit auch schwer verabschieden.
- Sie konnten ihr Kind nie in den Arm nehmen.

Für sie war ihr Kind nie mit den Fingern greifbar. Sie sahen es nur auf dem Ultraschall. Sie haben den Vorgang der Entfernung des Kindes nicht bewusst miterlebt. Ihnen fehlt daher das bewusst erlebte Ende der Schwangerschaft. Dies kann ihren Trauerprozess erschweren.

Frauen, deren Kind sehr früh während der Schwangerschaft gestorben ist, erfahren weniger Verständnis für ihre Trauer. Ihnen wird weniger Trauer zugestanden. Sie sollen schon nach wenigen Tagen oder Wochen wieder „funktionieren" und wieder ganz die „Alte" sein. So berichten Frauen von verletzenden Äußerungen wie diesen:

„Na ja, es war ja noch kein Kind."
„Besser so früh, als zum Geburtstermin."
„Sowas wird auch noch beerdigt? Früher hat man Sowas im Krankenhaus entsorgt."
„Bis zur 12. SSW ist es doch noch kein richtiges Kind. Man ist in der Zeit doch noch nicht schwanger."
(beim Tod in der 26. SSW): „Das war doch noch kein Kind, sondern nur ein Zellhaufen."
(Drei Wochen nach der Ausschabung fragte der Ehemann): „Warum heulst du denn immer noch deswegen?"
(Acht Wochen nach dem Tod des Sohnes): „So, jetzt geht es ihnen also wieder gut!

Nicht immer nistet sich die befruchtete Eizelle in der Gebärmutter ein. Dadurch kommt es zu anderen Formen der Schwangerschaft, die jedoch keine Chance auf Überleben des Kindes haben. Der Körper der Frau ist jedoch hormonell ganz auf Schwangerschaft eingestellt. Daher spricht man auch hierbei von Schwangerschaften. Es sind die drei Formen von:

Eileiterschwangerschaft
Bei einer Eileiterschwangerschaft nistete sich die befruchtete Eizelle im Eileiter ein. Häufige Ursache hierfür ist eine Engstelle im Eileiter. Für die Schwangere ist eine Eileiterschwangerschaft ein gesundheitliches Risiko. Wenn die

Schwangerschaft schon weiter fortgeschritten ist, bedeutet dies meist die operative Entfernung von Kind und Eileiter. Damit kann die Frau nur noch über den anderen Eileiter schwanger werden.

Bauchhöhlenschwangerschaft
Bei der sehr seltenen Bauchhöhlenschwangerschaft gelangt die befruchtete Eizelle in die Bauchhöhle. Auch dort kann sich das Kind nicht weiter entwickeln. Im frühen Stadium der Schwangerschaft wird diese medikamentös, im späteren Stadium chirurgisch beendet.

Eierstockschwangerschaft
Bei einer ebenfalls sehr seltenen Eierstockschwangerschaft nistet sich die befruchtete Eizelle im Eierstock ein. Auch diese Schwangerschaft muss chirurgisch beendet werden.

3.3 Schwangerschaftsabbruch (SSA)

Die Frage nach einem Schwangerschaftsabbruch (SSA) wird aus sehr unterschiedlichen Gründen gestellt. Rechtlich wird in Deutschland hierzu unterschieden zwischen:
– Fristenlösung (in den ersten 12 SSW);
– medizinischer Indikation;
– kriminologischer Indikation.

SSA in den ersten 12 SSW (Fristenlösung)
Mit „Fristenlösung" ist der SSA in den ersten 12 SSW gemeint, der aus sozialen Gründen vorgenommen wird.

Wer dies erwägt, ist in Deutschland vor dem SSA zu einem Beratungsgespräch in einer der Beratungsstellen gesetzlich verpflichtet. Nur mit dem dort erhältlichen Beratungsschein kann straffrei ein SSA durchgeführt werden.

SSA nach medizinischer Indikation

Die medizinische Indikation ist meist verbunden mit Pränataldiagnostik (PND). Im Grunde ist jede vorgeburtliche Untersuchung des Kindes bereits PND, auch der einfache Ultraschall. Oft wird PND so verstanden, als würde sie der Gesundheit des Kindes dienen. Dies ist faktisch falsch.

PND ist eine vorgeburtliche Untersuchung mit dem Ziel der Feststellung, ob das heranwachsende Kind bestimmte Erkrankungen aufweist. Dabei geht es nicht nur um genetische Erkrankungen, wie z.B. Trisomie 13, 15, 17, 21. Es geht auch um andere Erkrankungen. Einige sind schon therapierbar, so z.B. schwere Herzfehler oder offene Kiefer-Gaumen-Spalte.

PND kann nicht feststellen, ob das ungeborene Kind gesund ist, sondern ob es bestimmte Erkrankungen besitzt, auf die hin gezielt untersucht wird.

Da das Thema PND sehr umfassend ist und den Rahmen dieses Buches sprengt, sei hierzu auf das Buch „Dennoch gute Hoffnung – Erfahrungsberichte und Daten zur vorgeburtlichen Diagnose" verwiesen. Darin geben über 20 Mütter und Väter ihre Erfahrungen mit PND wieder.

Durchführung des SSA

Grundsätzlich ist zwischen einem frühen und einem späten SSA zu unterscheiden. Der frühe SSA erfolgt bis Ende der 12. SSW, das sind 14 Wochen nach der letzten Periode. Die Ausführung des SSA erfolgt zwischen der frühen und späten SSA so unterschiedlich, dass es wert ist, beide Verfahren kurz darzustellen.

Früher SSA (bis zur 12. SSW): Ein früher SSA wird durchgeführt wie eine Ausschabung (s. o.). Um der Mutter jede Erinnerung an den Vorgang zu ersparen, wird sie meist in eine kurze Vollnarkose versetzt. Dies soll auch dazu dienen, dass die Mutter den Schwangerschaftsabbruch psychisch leichter verarbeitet.

Einige Frauen wollen den SSA bewusst erleben. Die Gründe hierfür sind sehr unterschiedlich und können sich auch vermischen:

- Für manche Frauen ist das bewusste Miterleben des SSA eine Art Selbstbestrafung. Sie sehen es als Fehler (Sünde) an und wollen es zur eigenen Bestrafung bewusst erleben, bewusst erleiden.
- Andere Frauen tun sich schwer damit, sich durch eine Vollnarkose einem anderen Menschen völlig auszuliefern. Sie wollen gerade auch bei einem solch peinlichen Vorgang eines SSA die Kontrolle über sich behalten.
- Einige Frauen hatten mit Vollnarkosen schlechte Erfahrungen gemacht. Ihnen wurde danach sehr übel. Eine Wiederholung dessen wollen sie nun vermeiden.

Die Frau kann beim Arzt selbst bestimmen, ob sie die Vollnarkose haben will oder eine Lokalanästhesie. Dies sollte sie bei der ersten Kontaktaufnahme mit dem Arzt bereits besprechen, wenn es ihr wichtig ist.

Später SSA (nach der 12. SSW): Ein später SSA erfolgt wie eine durch Medikamente eingeleitete Geburt. Hierzu werden der Mutter Tabletten oder Zäpfchen in die Scheide eingeführt und vor den Muttermund platziert. In diesen sind Prostaglandine enthalten, die zur Wehentätigkeit führen.

Ist der Muttermund für die Geburt ausreichend offen, wird ggf. der Wehentropf unterstützend eingesetzt. Durch diese intravenöse Zugabe von Oxytocin werden die Wehen eingeleitet. Damit drücken Muskelspannungen das Kind durch den Geburtskanal nach draußen. Eine Schmerzbekämpfung erfolgt wie bei einer normalen Geburt. Im Wesentlichen läuft alles Weitere ab wie bei einer normalen Geburt.

Seit dem 1. August 2007 haben Frauen in Deutschland

die Möglichkeit, die Geburt auch von einer Hebamme begleiten zu lassen.

In Einzelfällen kommt es bei sehr späten SSA (nach der 20. SSW) vor, dass das Kind nach dem Durchtrennen der Nabelschnur noch einige Sekunden oder gar Stunden lebt. Es kann durchaus sinnvoll wie auch für den späteren Trauerprozess hilfreich sein, wenn die Mutter in diesem Fall ihr noch lebendes Kind in den Arm nimmt und es in ihren Armen sterben darf.

Auch wenn die Mutter im Augenblick nach der Geburt ihr Kind nicht sehen will, hat es Sinn, von ihrem Kind Fotos und Hand- und Fußabdrücke zu machen. Wenn die Mutter diese bei der Entlassung nicht mitnehmen will, können sie in ihrer Akte abgelegt werden. Es bleibt damit die Möglichkeit, noch nach Monaten und Jahren das Kind auf diesem Wege ein Stück weit kennen zu lernen.

In gleicher Weise ist es sinnvoll, dem abgetriebenen Kind einen Namen zu geben. Damit haben die Eltern die Möglichkeit, ihr Kind in ihren Gedanken, ihrem Tagebuch (und ggf. im Gespräch mit anderen Menschen) direkt anzusprechen. Sie müssen es nicht umschreiben, sondern können es eindeutig benennen.

Bestattung von abgetriebenen Kindern
Nach dem SSA gibt es in den meisten Bundesländern die Möglichkeit, das Kind zu bestatten (siehe dazu: www.kindergrab.de).

Nicht alle SeelsorgerInnen haben Verständnis für einen SSA. Daher ist es angebracht, nur zu sagen, dass das Kind sehr früh während der Schwangerschaft gestorben ist und nun der Wunsch nach der Bestattung besteht. Sollte der Seelsorger oder die Seelsorgerin nähere Angaben wissen wollen, so reicht zur Information der Name des Kindes, das Datum des Todes, dass es weniger als 500 Gramm wog sowie der Hinweis, dass die Mutter bzw. die Eltern derzeit nicht weiter darüber sprechen wollen. Alle diese Angaben sind wahr. Mehr Angaben braucht der Seelsorger nicht für eine Bestattung.

Trauer um ein abgetriebenes Kind
Die meisten Menschen vertreten die Meinung, dass Eltern ihr abgetriebenes Kind nicht lieben würden, sonst hätten sie es nicht abgetrieben. Diese Menschen können sich nicht vorstellen, dass die Mutter auch um ihr abgetriebenes Kind trauern kann. Sie gestehen es ihr nicht zu. Dabei hat eine Umfrage unter Frauen mit SSA ergeben, dass drei von fünf Frauen gerne ihr abgetriebenes Kind bestattet hätten.

Eine in den USA durchgeführte Studie belegt, dass alle Frauen fünf bis zehn Jahren nach dem SSA Trauer empfinden und Verlustgefühle haben. Gleiches wurde auch in Dänemark festgestellt. Wenn Frauen nach dem SSA um ihr Kind trauern, so ist dies also eine ganz normale Reaktion.

3.4 Geburt eines toten Kindes (nach 12. SSW)

Zwischen der 12. und 14. SSW befindet sich der Übergang zwischen Ausschabung und eingeleiteter Geburt eines toten Kindes. Die Grenzen sind fließend, da verschiedene medizinische Gründe für die Wahl der Methode entscheidend sein können. So wird bei keiner Frau, die in der 14. SSW mit starken Blutungen in die Klinik kommt und der Tod des Kindes festgestellt wird, die Geburt eingeleitet. Hier muss sofort die Blutung gestoppt werden. Mit einer eingeleiteten Geburt verstreicht wertvolle Zeit, in der die Frau weiter ausblutet. Daher wird in solchen Fällen auch in der 14. SSW eine Ausschabung vorgenommen, damit die Blutung rasch aufhört.

In gleichem Zusammenhang ist zunächst auch die Frage zu verstehen, ob nach der Bestätigung oder Feststellung des Todes des Kindes sofort gehandelt werden soll. Bei starken Blutungen muss unverzüglich gehandelt werden, um Gefahr für Gesundheit und Leben der Mutter abzuwenden.

Liegt keine starke Blutung vor, so kann der Frau meist die Entscheidung überlassen werden, ob sie noch für einige Tage nach Hause gehen will, um sich gefühlsmäßig auf die Geburt ihres toten Kindes vorzubereiten, oder ob sie sogleich die Geburt des Kindes eingeleitet wissen möchte. Bei einer Umfrage entschieden sich je ein Drittel der befragten Frauen für den einen bzw. den anderen Weg, ein Drittel der Frauen beantwortete diese Frage nicht.

Sollte der Arzt diese Frage nicht stellen, die Entscheidung darüber aber für die Betroffene(n) wichtig sein, so sollten sie dem Arzt ihre Bedürfnisse sagen. Es macht zum Beispiel wenig Sinn, wenn die eingesetzten Medikamente eine Geburt herbeiführen sollen, während die Frau ihr totes Kind noch behalten will. Chemie kämpft dann gegen ihre Gefühle an. Dies führt zu einer unnötig langen Phase der Geburtsvorbereitung, weil sich z. B. der Muttermund möglicherweise erst sehr spät öffnet.

Wenn Sie sich noch einige Tage Zeit bis zur Geburt gönnen, so haben Sie die Möglichkeit, sich physisch und psychisch auf die Geburt vorzubereiten. Hierzu gehören:

Geburtsvorbereitungskurs: Wenn Sie noch nicht in einem Geburtsvorbereitungskurs sind, dann können Sie als Quereinsteigerin an einigen Treffen teilnehmen. Einige Hebammen bieten auch sogenannte „Crash-Kurse" an, in denen in kompakter Form alles Wichtige rund um die Geburt vermittelt wird. Achten Sie darauf, dass der Kurs nicht größer als 10 Schwangere ist. Nach Hebammen-Gebührenverordnung (HebGV) dürfen Hebammen max. 10 Schwangere in einen Geburtsvorbereitungskurs nehmen. Sollte Ihnen ein größerer Kurs angeboten werden, so lehnen Sie mit einem Verweis auf die HebGV dankend ab.

Vor- und Nachsorge: Klären Sie im Vorfeld ab, ob die Hebamme neben der Vorsorge bei Ihnen auch die Nachsorge übernimmt. Sollte dies nicht der Fall sein, so sollten Sie eine andere Hebamme nehmen.

Anwesenheit einer Hebamme bei der Geburt. Klären Sie im Vorfeld ab, ob bei der Geburt eine Hebamme anwesend sein wird. Wenn Ihnen das nicht zugesichert wird, dann sollten Sie sich für eine andere Frauenklinik entscheiden, sofern Sie die Wahl haben.

Dass hier die Position der Hebamme so stark herausgehoben ist, hängt damit zusammen, dass alles rund um die normale Geburt Aufgabe der Hebamme ist. Sie ist in erster Linie die Ansprechpartnerin. Nur bei regelwidrigen Geburten oder auf Wunsch der Mutter muss sie einen Arzt mit hinzuziehen. Arzt oder Ärztin haben hingegen die Pflicht, bei einer Geburt eine Hebamme hinzuzuziehen, sofern sie nicht selbst eine Ausbildung als Hebamme oder Entbindungspfleger haben, was nur sehr selten der Fall ist.

Geburt oder Kaiserschnitt?

Einige verwaiste Frauen haben den dringenden Wunsch, ihr totes Kind durch einen Kaiserschnitt zu gebären. Vielen Frauen ist es ein schrecklicher Gedanke, ihr totes Kind gebären zu müssen. Sie wollen ihr Kind daher durch Kaiserschnitt gebären.

Dies mag im Augenblick vor der Geburt eines toten Kindes eigenartig erscheinen. Aber ich kann Frauen nur ans Herz legen: Lassen Sie sich auf die Erfahrungen von anderen Frauen ein, die vor Ihnen diesen schweren Weg gegangen sind.

„Ich glaube, man versteht erst hinterher, warum das aktive Gebären des Kindes so wichtig ist. Vorher fand ich den Gedanken auch schrecklich."

„Es ist ein kleines Muttergefühl, dieses Kind auf die Welt zu bringen."

„Ich fand es auch immer schrecklich, aber jetzt bin ich froh, dass ich das für Larissa tun konnte und sie mit meiner Hilfe auf die Welt kam. Auch wenn meine Tochter tot ist, ich bin so unsagbar stolz auf mein kleines Mädchen."

„Ich hätte alles getan um einen Kaiserschnitt zu bekommen. Heute bin ich auch sehr froh darüber, dass ich meine Tochter normal geboren habe!"

„Ich bin sehr froh, die Kinder geboren zu haben bei vollem Bewusstsein und nicht umnebelt von Vollnarkose o.ä. Ich würde von meinen eigenen positiven Erfahrungen berichten (selbst wenn ich nie ein lebendes Kind würde bekommen können, so hätte ich doch das Erlebnis einer Geburt, das mir keiner mehr nehmen kann, incl. des stolzen Gefühls, Mutter zu sein.)"

Es kann medizinische Gründe geben, die einen Kaiserschnitt sinnvoll oder notwendig machen. Unbegründet sollte kein Kaiserschnitt durchgeführt werden. Es sprechen zu viele Gründe dagegen:
- Ein Kaiserschnitt ist für die Mutter körperlich schwerer zu verkraften.
- Die Mutter hat bei Kaiserschnitt ein höheres Risiko als bei einer Geburt.
- Die Mutter wird um das Geburtserlebnis gebracht und hat es wegen der Erinnerungslücke in der Verarbeitung des Geschehenen schwerer.

Eine im US-Bundesstaat Massachusetts durchgeführte Studie untersuchte 250.000 Geburtsverläufe der Jahre 1998 bis 2003. Danach mussten von 1.000 Frauen nach einem Kaiserschnitt ohne medizinische Notwendigkeit etwa 20 zur medizinischen Nachbehandlung wieder aufgenommen werden. Die häufigsten Komplikationen waren Infektionen und Wundheilungsstörungen, so der Bericht. Nach normal verlaufenden Geburten war dies dagegen nur bei 7,5 von

1.000 Frauen der Fall. Die medizinische Nachbehandlung ist somit nach einem Kaiserschnitt etwa dreimal so hoch wie nach einer normalen Geburt.

3.5 Kurz nach der Geburt verstorbenes Kind

Mit der Geburt des Kindes ist dieses nicht aus der Gefahrenzone. Folgende drei Situationen kommen vor:

Nicht lebensfähiges Kind

Die Eltern wussten schon seit der Schwangerschaft, dass mit dem Kind etwas nicht in Ordnung ist. Es war so schwer krank, dass es die Geburt nicht lange überleben würde. Trotzdem hatten sie sich für ihr Kind entschieden. Sie nutzten die ihnen gegebene Zeit. Jede Sekunde wollten sie ganz bewusst mit ihrem Kind erleben. Es würde die einzige Zeit sein, in der sie das Kind lebend erfahren.

Krankes Kind

Die Ärzte machten sich nach der Geburt Sorgen um das Weiterleben des Kindes. Das Kind war noch zu klein. Es musste in den Brutkasten. Die Eltern hatten Hoffnung, dass ihr Kind überlebt. Sie beteten, dass es weiterleben darf. Der Zustand verschlechterte sich. Die Hoffnung sank. Schließlich starb das Kind.

SID – plötzlicher Kindstod

Mutter und Vater, Geschwisterkinder und Großeltern, Hebammen und Ärzte waren froh: Der neue Erdenbürger war geboren. Alles ging gut. Die Eltern wurden vielleicht schon mit dem Kind nach Hause entlassen. Alle freuten sich an dem Kind. Ohne jede Ankündigung und ohne Vorzeichen lag das Kind tot im Bett. „Plötzlicher Kindstod" wurde als Begründung genannt.

Ihre Rechtsansprüche

Wenn ein Kind bald nach der Geburt stirbt, gilt grundsätzlich: Das Kind ist eine sogenannte „Lebendgeburt". Das heißt, das Kind kam lebend zur Welt. Selbst wenn nach dem Durchtrennen der Nabelschnur das Kind nur einen einzigen Atemzug oder einen Pulsschlag gemacht hat, so hat es getrennt von der Mutter gelebt. Dies ist die Grundlage für die Zuordnung als Lebendgeburt. Das Gewicht des Kindes, die Anzahl der SSW oder sonst eine Größe sind hierbei völlig unwichtig. Das Kind gilt juristisch als „Lebendgeburt".

Eltern haben damit die Pflicht, ihr Kind zu bestatten. Hierfür müssen sie einen Bestatter beauftragen.

Das Kind wird mit Namen in das Geburtenbuch und in das Stammbuch eingetragen.

Die Mutter hat Anspruch auf Mutterschutz.

4 Begrüßen, kennenlernen und verabschieden

Das Leben besteht aus einer Aneinanderreihung von Begegnungen. Einige Begegnungen dauern Jahre und Jahrzehnte. Andere Begegnungen sind nur kurz und einmalig. Hierzu gehört die Begegnung mit einem stillgeborenen Kind. Sie sollten im eigenen Interesse diese Chance nicht ungenutzt verstreichen lassen. Lernen Sie Ihr stillgeborenes Kind kennen.

4.1 Sehen und berühren

Entgegen der in England durchgeführten Studie, dass den verwaisten Müttern ihre toten Kinder nicht gezeigt und erst recht nicht in den Arm gelegt werden sollen, da dies traumatische Folgen nach sich ziehen könne, gaben weit über 90 % der verwaisten Mütter in einer Umfrage in Deutschland an, dass sie es für ihren Trauerprozess als sehr wichtig erachteten, ihre stillgeborenen Kinder gesehen und im Arm gehabt zu haben. Sie alle würden im Wiederholungsfall ihr Kind wieder sehen und berühren wollen:

„Mein Sohn ist das Schönste, was ich je in meinem Leben gesehen habe."
„Ich muss mich verabschieden können."
„Es war mir wichtig, mich von meinem Sohn zu verabschieden, zu sehen wem er wohl ähnlich sieht, und ob er friedlich gestorben ist."
„Ich fand es unheimlich wichtig selbst zu sehen, dass es wirklich tot ist."
„Neugier und Liebe: Wer möchte ein Geschenk Gottes nicht ansehen? Es waren mir 9 schöne Monate vergönnt worden."

„Nur wen man begrüßt hat, kann man auch verabschieden. Er war so wunderschön und sah so friedlich aus. Ich habe es genossen, ihn im Arm zu halten, ihn zu spüren und zu riechen."

„Sie war schließlich ein ganzer und heiler Mensch. Man konnte ihr auch ansehen, dass sie still und friedlich mit einem Lächeln eingeschlafen ist. Das macht ein gutes Gefühl."

„Ohne Begrüßung kein Abschied. Man muss das Wenige, das einem bleibt, auch ausschöpfen."

„Es war für mich wichtig, sie zu sehen. Ich hatte von Horrorgeschichten gehört wie, es sei kein Mensch. – Sie war so schön, bereit zu leben, einfach nur klein und schwach. Ich habe jetzt ein Bild im Herzen."

Die verwaisten Frauen, denen es verwehrt war, ihr totes Kind zu sehen und zu berühren trauern noch nach Jahren diesem Versäumnis nach, ihr Kind nicht kennen gelernt zu haben. Verwaiste Mütter haben auch den Wunsch, sich in Ruhe von ihrem stillgeborenen Kind zu verabschieden.

Daher ist es wichtig, diese einmalige Chance zu nutzen und sich nicht entgehen zu lassen, denn diese Begegnung mit dem eigenen Kind muss für den Rest des Lebens reichen. Es wird nie wieder die Gelegenheit geben, das Kind so zu sehen. Deshalb sollten Eltern sich alle Zeit nehmen, die sie brauchen, um ihr Kind zu begrüßen, es ausgiebig kennen zu lernen und sich von ihm zu verabschieden.

4.2 Dem Kind einen Namen geben

„Dem Kind einen Namen geben" ist mehr als nur eine Redewendung. Einige Eltern entscheiden sich bereits während der Schwangerschaft für einen Namen ihres Kindes. Das ist für viele verwaiste Eltern ein wichtiger Akt, wie nachfolgende Antworten zeigen:

„Jeder Mensch hat das Recht auf einen Namen."

„Es ist und bleibt ein Teil von mir, kein „namenloses Etwas".

„Jedes Kind möchte schließlich mit seinem eigenen Namen angesprochen werden. Ich denke, meine Kinder sind immer in meiner Nähe. Letztes Jahr habe ich ihnen endlich Namen gegeben, aber es ist ja leider nicht amtlich."

„Ich rede ungern von „meiner Fehlgeburt". Ein Name spiegelt den Stellenwert wieder."

4.3 Erinnerungen schaffen

Die meisten verwaisten Eltern lassen sich fast willenlos von Arzt und Hebamme leiten. Sie sind so sehr im Schock, dass sie noch nicht einmal an die einfachsten Bedürfnisse denken. Ihr Schmerz ist so groß, dass einige von ihnen trotz der Ermunterung durch die Hebamme erst am nächsten Tag bereit sind, ihr Kind anzusehen und kennen zu lernen.

Nicht wenige verwaiste Mütter wollen das Erlebte schnell vergessen, wollen möglichst schnell in die Geborgenheit der eigenen Wohnung zurück in der Hoffnung, dass alles doch nur ein böser Traum war. Einige weigern sich sogar, von den Hebammen gemachte Erinnerungsstücke anzunehmen. Sie wollen bewusst keine Fotos oder eine Geburtsurkunde mit Hand- und Fußabdruck ihres Kindes annehmen. Die Angst ist zu groß, dass Erinnerungsstücke den Schmerz wieder aufbrechen lassen könnten. Ihn wollen sie vergessen und verdrängen.

Es sind jedoch gerade diese Erinnerungsstücke, die ihnen und ihren Mitmenschen die Existenz ihres Kindes belegen. Sie sind für die Trauerarbeit eine äußerst wertvolle Hilfe. Für viele verwaiste Mütter sind sie das Wertvollste geworden, das sie besitzen. Andere, die sie nicht haben, würden Vieles dafür geben, wenn sie diese bekommen könnten.

Fotos vom Kind machen

Im Zeitalter der Digitalkamera bedeuten zahlreiche Fotos keine großen finanziellen Belastungen. Die Fotos können preiswert auf CD gebrannt und archiviert werden. Schlecht geratene Fotos können problemlos gelöscht werden. Sie bedeuten keine Mehrkosten. Scheuen Sie sich daher nicht, zahlreiche Fotos von Ihrem Kind zu machen, d.h. 50 oder 100 und mehr. Einige verwaiste Mütter meinten, dass sie mit 20 Fotos ausreichend gemacht hätten. Monate und Jahre später stellten sie fest, dass es ihnen noch immer zu wenig Fotos sind. Fotografieren Sie daher Ihr Kind in allen möglichen Stellungen, in Nahaufnahme und in der Totale. Diese Chance, Ihr Kind zu fotografieren, haben Sie nur einmal. Sie kommt nie wieder. Die gemachten Fotos müssen für Ihr ganzes restliches Leben ausreichen.

Hand- und Fußabdruck vom Kind nehmen

Wenn es nicht schon die Hebammen gemacht haben, erbitten Sie sich ein Blatt Papier und ein Stempelkissen. Dann nehmen Sie Hand- und Fußabdruck von Ihrem Kind. Sie sind die sichtbar gewordenen Spuren, die Ihr Kind in Ihrem Leben hinterlassen hat. Es wäre schade, wenn Sie diese Spuren ablehnen würden.

Eine Haarlocke abschneiden

Wenn Ihr Kind bereits Haare hat, dann können Sie ihm eine Haarlocke abschneiden. Diese Haare werden die einzigen körperlichen Erinnerungen an Ihr Kind über die Jahre hinweg bleiben.

Neben diesen persönlichen Erinnerungsstücken gibt es die symbolischen. Zu ihnen gehören:

Geburtsurkunde

Die Geburtsurkunde ist ein wichtiges Dokument, das amtlich die Existenz Ihres Kindes belegt. Sie wird Ihnen ausgestellt, wenn Ihr Kind lebend geboren wurde oder mindestens 500 Gramm wog. Bei stationärem Aufenthalt erhalten Sie diese von der Klinik, bei ambulanter Geburt oder Hausgeburt erhalten sie diese im Rathaus.

Für stillgeborene Kinder mit weniger als 500 Gramm gibt es keine amtlichen Geburtsurkunden. Sie können von Ihrer Hebamme zumindest eine einfache Geburtsbescheinigung erhalten. In der Regel sind darauf die wichtigsten Angaben enthalten: Datum und Uhrzeit der Geburt, Name des Kindes und der Eltern, Geschlecht, Größe und Gewicht des Kindes. (Siehe Anhang: „Tiefe Spuren kleiner Füße".)

Mutterpass
Im Mutterpass sind alle existierenden Schwangerschaften einer Frau enthalten. Besonders beim frühen Tod des Kindes kommt der guten Dokumentation der Geburt des Kindes eine große Bedeutung zu, denn der Mutterpass ist das einzige quasi amtliche Papier, das eine Fehlgeburt bestätigt. Achten Sie daher auf ordnungsgemäße Eintragungen.

Nutzen Sie in jedem Fall die Möglichkeiten, um möglichst viele Erinnerungen an Ihr Kind zu erhalten. Bedenken Sie, dass dies eine einmalige, unwiederbringliche Chance ist, die Sie jetzt haben.

4.4 Riten und Rituale

Rituale haben eine große Bedeutung in unserer Gesellschaft. Es gibt sie nicht nur im religiösen Bereich, sondern auch im profanen. Das Reichen der Hand bei Begrüßung oder Verabschiedung ist z.B. ein Ritual. Rituale sind stark von der Gesellschaft und/oder dem Glauben geprägt, zu dem man gehört. Sie können sogar zum Erkennungszeichen für eine bestimmte Personengruppe werden. So begrüßen sich z.B. Eskimos durch Reiben der Nasen aneinander.

In der Klinik haben Sie eine Reihe von möglichen Ritualen, die Sie für die Verabschiedung Ihres Kindes verwenden können. Die hier vorgestellte Auflistung erhebt keinen Anspruch auf Vollständigkeit. Auch müssen nicht alle Rituale von Ihnen ausgeführt werden. Die Auflistung kann jedoch als Anregung für die Entwicklung eigener Rituale verwendet werden. Tun Sie das, was Ihnen entspricht und was Ihnen in der Trauerarbeit hilft, was Sie tröstet.

Begrüßungsritual
Um jemanden verabschieden zu können, muss man diesen Menschen erst einmal begrüßt haben. Ohne vorausgegangene Begegnung kann niemand verabschiedet werden. Daher ist die Begrüßung Ihres Kindes als Eingangstor in den Raum des Lebens von großer Bedeutung. Auch wenn Ihr Kind tot ist, ist es Ihr Kind. Es ist fleischgewordener Ausdruck Ihrer Liebe zueinander. Begrüßen Sie Ihre greifbar gewordene Liebe, damit Sie diese auch verabschieden können. Sie ist Realität. Im wahrsten Sinne des Wortes: *begreifen* Sie dies.

Das Kind baden
Sie können Ihr stillgeborenes Kind baden. Dieses schöne Pflegeritual können Sie in diesen Stunden vollziehen – das erste und das letzte Mal. Wenn Ihr Kind schon einige Tage tot in Ihrem Bauch war, ist dies nicht immer möglich. Fragen sie im Zweifelsfall Ihre Hebamme.

Das Kind in den Arm nehmen
Noch vor dem Anziehen des Kindes ist es sinnvoll, Ihr Kind mit seiner zarten Haut zu spüren. Die von ihm ausgehende Körperwärme vermittelt das Gefühl des Lebendigen. Mit der Zeit wird Ihr stillgeborenes Kind Zimmertemperatur annehmen. Daher nutzen Sie die Zeit, Ihr Kind noch im warmen Zustand kennen zu lernen.

Das Kind betrachten

Betrachten bedeutet nicht, einen flüchtigen Blick auf Ihr Kind werfen, sondern dass Sie jede Einzelheit Ihres Kindes mit den Augen in sich aufnehmen und bewusst machen. Betrachten Sie das Gesicht: Augen, Nase, Mund, die Ohren, die Finger, die Füße ... Lassen Sie dabei kein Körperteil aus. Vergleichen Sie auch, von welchem Elternteil Ihr stillgeborenes Kind dieses und jenes besondere Merkmal hat.

Das Kind „vermessen"

Unter diesem Begriff verstehen Hebammen das Wiegen und Messen eines neugeborenen Kindes. Dabei werden folgende Maße genommen: Gewicht, Körperlänge und Kopfumfang des Kindes. Dies sollte in jedem Falle auch mit Ihrem stillgeborenen Kind gemacht und dokumentiert werden, auch wenn Ihr Kind weniger als 500 Gramm wiegt.

Das Kind anziehen

Sie können Ihr Kind anziehen. Bei großen Kindern ist dies mit Babykleidung möglich. Kleinere Kinder benötigen hierfür Puppenkleider. Einige Kreißsäle haben einen bestimmten Vorrat unterschiedlicher Größen, aus denen Sie aussuchen können. Es ist dann angebracht, dass Sie entsprechende Kleidung dem Kreißsaal wieder zukommen lassen, damit der Bestand nicht abnimmt.

Betten

Betten Sie Ihr stillgeborenes Kind zu sich in das Bett oder in ein *Moses-Körbchen*. Die meisten Kreißsäle haben hierfür ein entsprechendes Körbchen, in das Sie Ihr Kind betten können. Seit 1995 wirbt die bundesweit tätige Initiative-Regenbogen für den Einsatz dieses *Moses-Körbchens*.

4.5 Religiöse Riten

Auch wenn Sie mit Gott und Glaube nichts zu tun haben, so dürfen Sie sich dennoch die Riten auswählen, von denen Sie meinen, dass sie Ihnen gut tun.

Eine Kerze anzünden

Die Kerze ist als christliches Symbol mehr als nur ein gefühlvolles Zeichen, das Licht, Wärme und Leben (flackern der Flamme) vermittelt. Es ist für Christen auch ein Zeichen für Auferstehung. In der Osternacht wird die am Osterfeuer entzündete Osterkerze mit dem Ruf „Lumen Christi" (Christus, das Licht) in die Kirche getragen. Dabei symbolisiert die brennende Osterkerze Christus, den Auferstandenen, denn Jesus bezeichnete sich selbst so: „Ich bin das Licht der Welt. Wer mir nachfolgt, wird nicht in der Finsternis umhergehen, sondern wird das Licht des Lebens haben" (Joh 8,12). Das Anzünden einer Kerze erinnert die Eltern an diese Auferstehung von den Toten und damit auch an die Auferstehung ihres stillgeborenen Kindes. Dies deutet auf das Wiedersehen in der Ewigkeit hin.

Beten

Viele verwaiste Eltern tun sich angesichts des frühen Verlustes ihres Kindes schwer, zu beten. Sie sind von Gott zutiefst enttäuscht und verletzt. Für einige zerbricht ihr ganzes Gottesbild, ja, sie stellen die Existenz Gottes in Frage. Viele verwaiste Eltern haben eine große Wut auf Gott. Mitunter haben sie ein schlechtes Gewissen, wenn sie dem inneren Drängen nachgeben und mit Gott hadern. Sie übersehen, dass es fünf Gebetsformeln gibt: loben, preisen, bitten, danken und hadern. Dass mit Gott zu streiten zum Segen gereichen kann, das belegt das Alte Testament (Ijob und Gen 32,23–33).

Bei aller Wut und Enttäuschung kann es dennoch möglich sein, dass Sie Gott darum bitten, Ihr Kind bei sich aufzunehmen und ihm all die Liebe zu schenken, die Sie Ihrem Kind gerne geschenkt hätten. Sie können Gott darum bitten, dass er Ihrem Kind Wohnung und Heimat gibt bis zum großen Wiedersehen in seinem Reich.

Das Kind segnen

Manche Eltern haben den dringenden Wunsch, ihr tot geborenes Kind taufen zu lassen. Dies ist nicht möglich, da nach dem Verständnis der christlichen Kirchen Sakramente nur lebenden Personen gespendet werden können. Es besteht jedoch die Möglichkeit, Ihr stillgeborenes Kind von der Hebamme oder dem (Klinik-)Seelsorger segnen zu lassen. Empfehlen Sie es damit Gott an, übergeben Sie es ihm in seine Hände und wünschen Sie Ihrem Kind bis zum Wiedersehen im Himmel alles Gute.

Sie können diese Segnung auch selbst vornehmen. Eine christliche Segnung kann wie folgt geschehen: Sie legen Ihre Finger(-spitzen) auf den Kopf Ihres Kindes und beten wie folgt: (N. = Name des Kindes)

Herr, unser Gott, wir empfehlen Dir N. an. Bewahre ihn/sie bis zum Wiedersehen in deinem Reich.
N. , der Herr segne dich und behüte dich. Der Herr lasse sein Angesicht über dir leuchten und sei dir gnädig. Er wende sein Angesicht dir zu und schenke dir Frieden und Heil. Das gewähre dir der dreieinige Gott, der Vater und der Sohn und der Heilige Geist. Amen.

Bei diesen letzten Worten können Sie Ihrem stillgeborenen Kind ein Kreuzzeichen auf die Stirn machen.

Sie können den vorliegenden Text nach Ihren persönlichen Wünschen und Bedürfnissen abändern. Er soll Ihnen als Orientierung dienen. Drücken Sie in dem Gebet das aus, was Ihnen auf dem Herzen liegt. (Vgl. auch Schäfer, „Trauerfeiern beim Tod von Kindern", Regensburg 2010.)

Das Kind verabschieden

Wenn Sie Ihr Kind ausreichend kennen gelernt haben, dann lassen Sie es gefühlsmäßig los und verabschieden Sie sich von ihm. Vielen Eltern hilft hierbei, ihr inzwischen erkaltetes Kind anzufassen und ggf. auch einen Kuss auf die Stirn zu geben. Sie können Ihrem stillgeborenen Kind auch eine Blume mit in die Pathologie-Abteilung geben. Von Blumensträußen, Abschiedsbriefen und anderen zum Teil auch sehr persönlichen Dingen sollte hier Abstand genommen werden. Diese sind bei der Bestattung besser angebracht.

4.6 Mut zum Trauern

Trauer um einen geliebten Menschen gehört zu den stärksten Gefühlen, die ein Mensch erleben kann. Daher ist es völlig normal und legitim, dass auch Männer weinen. Sie müssen sich und ihrer Frau nicht beweisen, wie stark sie sind. Sie tun sich und ihren Gefühlen nur unnötige Gewalt an.

Besonders wenn die Gefühle der Trauer noch frisch und so (über)mächtig sind, sollten Sie den Mut aufbringen, sich diesen Gefühlen rückhaltlos hinzugeben. Lassen Sie sich fallen und trauern Sie in der Ihnen gemäßen Art und Weise um Ihr verstorbenes Kind.

Um ein verstorbenes Kind sind 1.000 Tränen zu weinen, dabei spielt es keine Rolle, wann sie geweint werden. – Die Worte einer verwaisten Mutter drücken aus, was Psychologie und Trauerforschung auch herausgefunden haben: Trauer gehört zum Tod eines geliebten Menschen. Man muss sie leben und durchleben, andernfalls kommt sie in anderer Form wieder zu Tage.

Anteil nehmen lassen

Es ist Ihre ganz persönliche Entscheidung, ob und wen Sie in die Klinik kommen lassen, um am Tode Ihres stillgeborenen Kindes Anteil zu nehmen. Bedenken Sie, dass dies eine einmalige und unwiederbringliche Gelegenheit ist.

Zunächst ist hier an Ihre lebenden Kinder zu denken. Sie trauern um ein Geschwisterkind, auf das sie sich bereits gefreut hatten. Dieses wollen sie meist kennenlernen. Ihre Eltern trauern um ein Enkelkind. Auch sie wollen meist das Kind kennenlernen.

Die Vorteile, Verwandte und Freunde in die Klinik einzuladen und das Kind kennenzulernen, lassen sich wie folgt zusammenfassen:

- Ihnen wichtige Personen haben die Möglichkeit, Ihr stillgeborenes Kind kennenzulernen. Es wird für sie real. Es ist für sie ein Kind und nicht nur ein Zellhaufen. Damit beugen Sie unbedachten Äußerungen vor.
- Ihnen wichtige Personen lernen Ihre tiefe Trauer kennen und können Sie in den nächsten Wochen und Monaten besser verstehen, wenn Sie wieder in die Trauer zurückfallen. Diese Menschen wissen, warum Sie so traurig sind, da sie Ihr Kind und Ihre tiefe Trauer gesehen und erlebt haben.
- Ihnen wichtige Personen können bereits in der Klinik Anteil an Ihrer tiefen Trauer nehmen. Dies kann Sie ein Stück weit trösten und Ihnen helfen. Sie fühlen sich nicht allein gelassen, sondern getröstet und getragen.

Hilfe und Unterstützung annehmen

Sie sind nicht die erste Mutter, deren Kind während der Schwangerschaft stirbt und werden leider auch nicht die letzte sein. Viele Frauen sind vor Ihnen diesen schweren Weg gegangen. Sie haben ihre Erfahrungen gemacht, hilfreiche und beschwerliche. Auf diese Erfahrungen der anderen verwaisten Mütter können Sie bauen und vertrauen.

Diese Erfahrungen fließen beständig ein in die Ausbildung der Ärzte und Hebammen, der Krankenschwestern und der Seelsorgern, der Psychologen und der Bestatter.

Sie dürfen grundsätzlich darauf vertrauen, dass Sie von diesen Berufsgruppen zu Ihrem Wohle versorgt werden.

Bedenken Sie bei allen Hilfsangeboten: So wie Sie von einem Seelsorger keine medizinische Begleitung bei der Geburt oder vom Arzt keine Segnung ihres toten Kindes erwarten können, so sollten Sie auch von anderen Menschen keine Handlungen erwarten, die sie nicht geben können. Nehmen Sie jedoch die Ihnen gereichten Angebote offen an. Sehen Sie es als Ausdruck der Anteilnahme, dass Ihnen Menschen hilfreich zur Seite stehen und die Last des toten Kindes mit ihnen tragen.

5 Wieder zuhause

5.1 Nichts ist, wie es vorher war

Die Erfahrung, wenn das eigene Kind sehr früh stirbt, ist für alle Eltern tragisch. Das Unfassbare ist Wirklichkeit geworden. Dies muss erst einmal verarbeitet werden. Besonders den verwaisten Müttern, deren Kind in den ersten 12 Schwangerschaftswochen gestorben ist, wird erst zuhause richtig bewusst, dass sie nicht mehr schwanger sind. Es ist für die meisten verwaisten Eltern sehr schwer, es als Realität anzuerkennen, dass ihr Kind tot ist.

Besonders in den ersten Stunden und Tagen nach dem Tod ihres Kindes machen verwaiste Eltern das Schlimmste durch. Es ist die schlimmste Zeit ihres Lebens. Einige verwaiste Mütter beschreiben diesen Zustand so:

„Panik, keine Luft mehr bekommen, Angst, Einsamkeit. Nur dunkle Tage. Die Angst, verrückt zu werden. Die Angst, das Leben nicht mehr in den Griff zu bekommen, sich selbst nicht mehr in den Griff zu bekommen. Wie geht es weiter?"
„Mein ganzes Dasein hat sich verändert. Ich habe es als großen Verlust meines Selbstwertgefühls erfahren. Ich kann plötzlich nicht mehr unter Menschen, habe Angst vor ihnen."
„Ich fühle mich wertlos."
„Das Schlimmste in der ganzen Zeit war die Einsamkeit."
„Ich war gefangen in diesen Trauergefühlen, der Wut, der Verzweiflung, auch bei aller Anteilnahme. Ich war eigentlich völlig alleine damit! Und das hat mir viel ausgemacht!"

Sie haben vielleicht auch wie viele verwaiste Mütter den Wunsch, ihrem toten Kind nahe zu sein. Dies ist ein ganz natürliches Bedürfnis, das Sorgen bereiten müsste. Dabei erleben verwaiste Mütter dies unterschiedlich:

„Ich wollte sterben, einfach als Mutter bei meinem Kind sein."
„Todessehnsucht, der Wunsch, mein Kind in den Arm zu neh-
men."
„Das Leben war plötzlich sinnlos. Alles war schwarz. Es gab kei-
ne Zukunft und keine Träume, nur noch Angst und seelische
Schmerzen. Hatte Angst vor meinen eigenen Gedanken."
„Meistens war nachts die Sehnsucht, tot zu sein, am größten."
„Immer in den Tiefs wünsche ich mir, bei ihm sein zu können."
„Dann denke ich und spreche es auch aus: ‚Warum hat er mich
nicht mitgenommen?', ‚Ich will zu ihm', ‚Ich will bei ihm sein',
‚Ich will dieses Leben nicht', ‚Ich gehöre zu meinem Kind'."

Eine Mutter will einfach ihrem Kinde nahe sein. Das ist
normal und natürlich, doch wenn Sie hierbei selbstzerstö-
rerisches Verhalten jedweder Art feststellen, sollten Sie in
Ihrem eigenen Interesse fachliche Hilfe holen.

5.2 Die Trauer leben

5.2.1 Trauer in der Partnerschaft

Jeder Mensch ist ein Individuum. Wir alle sind Originale.
Daher trauern wir unterschiedlich, auch wenn es die Trauer
um den gleichen Menschen ist. So trauern zwei Schwestern
unterschiedlich um ihren verstorbenen Vater. So trauern
zwei Brüder unterschiedlich um ihre verstorbene Mutter.
So trauern Schwester und Bruder unterschiedlich um ihre
verstorbene Mutter.

Auch Väter und Mütter trauern unterschiedlich um ihr
verstorbenes Kind. Dies liegt wesentlich und nachweislich
in dem unterschiedlichen Trauerverhalten zwischen Mann
und Frau.

Wer die geschlechtsspezifische Unterschiedlichkeit der
gelebten Trauer akzeptiert und damit umzugehen lernt,

der hat schon die erste große Hürde geschafft. Auf diesem Hintergrund half es nachweislich den meisten verwaisten Müttern für ihre Partnerschaft, wenn sie mit ihrem Partner über den Tod des Kindes sprechen konnten.

Der Wunsch der meisten verwaisten Mütter ist, mit jemandem darüber zu reden. Dabei kann es sein, dass Sie täglich den Wunsch verspüren, Ihr Leid und Ihre Trauer jemandem zu erzählen. Wenn Ihr Partner aus irgendwelchen Gründen hierfür nicht zur Verfügung steht, dann wenden Sie sich an eine Freundin, an eine Selbsthilfegruppe oder an ein Forum im Internet.

5.2.2 Trauer der Kinder

Für die Kinder ist ein vielleicht sehnsüchtig erwartetes Geschwisterkind gestorben. Auch in ihnen kommt eine große Enttäuschung auf. Auch sie trauern. Daher sollten sie in den ganzen Trauerprozess mit eingebunden werden, vom Kennenlernen des toten Geschwisterchens bis hin zur Bestattung. Dabei soll kein Druck ausgeübt werden, weder durch ein Verbot der Teilnahme, durch einen Zwang zur Teilnahme. „Kinder haben das Recht, sich von einem Familienmitglied zu verabschieden." (Wolfgang Holzschuh)

Mögliche Schuldgefühle der Kinder

Zuweilen empfand das Kind das neue Geschwisterkind als Rivalen. Dann liegt es nahe, dass es Schuldgefühle entwickelt. In der kindlichen Phantasie besteht ein direkter Zusammenhang zwischen der Abneigung zu seinem Geschwisterkind und dessen Tod. Nicht immer sprechen die Kinder von sich aus darüber. Daher ist es wichtig, die Kinder dazu zu motivieren, über ihre Trauer und ihre Schuldgefühle zu sprechen. Auch wenn sie sagen, dass sie sich nicht schuldig fühlen, so können dennoch Schuldgefühle vorhanden sein, die sie aus Scham nicht nennen.

Kinder und der Glaube

Der Tod wirft zwangsweise die Frage nach dem eigenen Glauben auf. Unser Lebens- und Gottesbild wird durch den Tod eines geliebten Menschen auf den Prüfstand gestellt. Mitunter kommt es vor, dass wir dieses Gottesbild korrigieren müssen.

Im Umgang mit dem trauernden Kind ist es wichtig, dass Sie offen über Ihren Glauben, aber auch über Ihre Fragen und Zweifel sprechen. Lassen Sie Ihr Kind teilhaben an Ihrem Hadern mit Gott, denn auch das ist Gebet.

Nehmen Sie Ihr Kind mit auf Ihrer Suche nach Antworten und teilen Sie ihm mit, wenn Sie eine Antwort gefunden haben. Das Kind muss diese von Ihnen gefundene Antwort nicht zwangsweise nachvollziehen. Viel wichtiger ist es, dass Ihr Kind lernt, dass es Fragen gibt, die man nicht gleich beantworten kann, und dass es Fragen gibt, auf die wir Menschen nie eine Antwort bekommen, wie z.B. die Warum-Fragen beim Tod eines Kindes.

Zu sagen, dass es Gottes Wille sei, dass das Geschwisterkind starb, birgt die Gefahr der Rebellion gegen Gott, da das Kind sein Geschwister gerne behalten hätte. Zu sagen, dass Gott dieses Kind (mehr) geliebt hätte, kann zu einer Reihe übler Fehlentwicklungen führen:

– Ihr Kind könnte sich entscheiden, künftig böse zu sein, damit Gott es nicht liebt und daher nicht sterben muss.
– Ihr Kind kann sich jedoch auch fragen, ob es denn so böse sei, dass Gott es nicht liebe, weil er es noch leben lässt.
– Ihr Kind kann auch Angst vor der Liebe Gottes entwickeln, da es die Gottesliebe immer mit Sterben und Tod in Verbindung bringt.

Eine besondere Herausforderung für die verwaisten Eltern ist es immer wieder, den Kindern den Tod an sich und auch aus ihrem Glauben heraus zu erklären. Vielleicht kann die folgende Geschichte hilfreich sein.

Es ist die Geschichte vom König von Jerusalem. Es ist

nicht das irdische Jerusalem gemeint, sondern das himmlische, so wie es auch in der Bibel ausgedrückt ist. Der „König von Jerusalem" ist Gott selbst.

Der König von Jerusalem
In einem weit entfernten Land lebt ein König, der alle Menschen und Tiere liebt. Er hat ein sehr großes Land und ist daher auch sehr reich. Täglich feiert er mit allen Menschen seines Landes ein großes Fest. Da gibt es die leckersten Speisen und die feinsten Getränke. Mensch und Tier freuen sich am Ende jeden Tages auf das Fest am kommenden Tag.
Der König erweckt alle toten Menschen und Tiere wieder zum Leben und lädt sie dann zu diesem Fest ein. Niemand wird ausgelassen. Die neuen Gäste – ob alt oder jung – dürfen am ersten Tag am Tisch des Königs sitzen und mit ihm reden.
Weil es bei dem lieben König so schön ist, will kein Mensch und kein Tier wieder in sein früheres Leben zurück. Sie wissen, dass alle anderen Menschen und Tiere, die sie dort zurückgelassen haben, irgendwann nachkommen werden. Dann feiern alle gemeinsam dieses große Fest. Darauf freuen sich alle.
(Aus: Klaus Schäfer, letzte Gespräche mit Oma, 2011.)

Jeder Tod von Mensch, Tier und Pflanze sollte Anlass geben, um wieder neu mit dem Kind über Sterben und Tod zu sprechen. Damit leisten die Eltern einen wichtigen Beitrag in der Trauerarbeit des Kindes. Es erkennt dadurch, dass der Tod etwas Natürliches ist, das Mensch, Tier und Pflanze in gleicher Weise betrifft.

Der Regensburger Trauerforscher Wolfgang Holzschuh betont die große Bedeutung, Kinder schon früh an das Thema Sterben und Tod heranzuführen: „Kinder sollten früh Verhaltensweisen zum Umgang mit dem Tod erleben und erlernen; wird ihnen die Begegnung mit dem Tod erspart, bietet sich dazu keine Möglichkeit und die Furcht vor Sterben und Tod nimmt zu." (Wolfgang Holzschuh)

Altersgemäßer Umgang

Wichtig ist auch ein altersgemäßer Umgang mit dem Thema Sterben und Tod. Hierzu ist eine kleine Schrift sehr empfehlenswert: Ministerium für Kultus, Jugend und Sport Baden-Württemberg (Hg.): Vom Umgang mit Trauer in der Schule. Handreichung für Lehrkräfte und Erzieher/innen. Diese Handreichung kann kostenlos beim Ministerium bezogen werden.

Bewahrung oder Hinführung?

Es ist ein natürliches Bedürfnis, dass wir in besonderer Weise Kinder vor Leid bewahren wollen. Dies ist jedoch nicht in jedem Falle möglich:

Es ist möglich, solange man die Schwangerschaft vor den Kindern verheimlichen konnte und die Kinder nichts vom Tod des während der Schwangerschaft verstorbenen Kindes wissen. Sowie die Kinder von der Schwangerschaft wussten und sich auf das Geschwisterchen gefreut haben, sind die Kinder vom Tod ihres Geschwisterchens nicht mehr zu schützen. Sie trauern. Gleiches gilt auch für die Kinder, deren Geschwisterkind während oder bald nach der Geburt gestorben ist.

Man kann dann zwar immer noch versuchen, die Kinder von allem auszuschließen. D.h. sie dürfen nicht das tote Geschwisterchen sehen, dürfen nicht mit zur Trauerfeier und nicht mit zur Bestattung. Damit hat man jedoch nichts von der Trauer der Kinder weggenommen. Im Gegenteil, man hat diese nicht ernst genommen.

Wenn man die Kinder dazu einlädt, sich von dem toten Geschwisterchen zu verabschieden, an Trauerfeier und Bestattung teilzunehmen, bietet man den Kindern eine Reihe von Chancen:

Das tote Geschwisterchen kennenlernen: Wenn das Kind während der Schwangerschaft oder während der Geburt stirbt, konnten die lebenden Kinder ihr Geschwisterchen nie lebend kennenlernen. Ihnen bleibt, das tote Geschwisterkind kennenzulernen. Damit verbinden sie ihre Trauer mit dem Bild des toten Kindes, es wird konkret und ist nicht phantomhaft.

Sich vom toten Geschwisterchen verabschieden: Die Verabschiedung von einem toten Geschwisterkind ist auch für den Trauerprozess eines Kindes ein wichtiger Akt. Damit wird auch ein Teil der Trauer verabschiedet.

In die Schule des Trauerns gehen: Kinder können durch die Einbindung in die Trauerrituale von Erwachsenen lernen, wie wir mit Tod und Trauer umgehen. Sie sehen, dass es völlig normal ist, um einen geliebten Menschen zu weinen, dass auch Eltern weinen. Sie lernen, dass Tote in einer Trauerfeier betrauert werden und dass sie bestattet werden. Durch die Einbindung und das Vorleben der Erwachsenen lernen Kinder den Umgang mit Tod und Trauer.

Leid ist nicht immer vermeidbar: Kinder lernen, dass Leid nicht vollständig zu vermeiden ist. Es gilt aber auch zu lernen, mit dem Leid gut umzugehen. Hierbei kann das Gelassenheitsgebet von Reinhold Niebuhr (1892–1971) eine gute Orientierung geben:

„Lieber Gott, schenke mir die Geduld zu tragen,
was ich nicht ändern kann.
Lieber Gott, schenke mir den Mut zu ändern,
was ich ändern kann.
Lieber Gott, schenke mir die Weisheit,
das eine vom anderen zu unterscheiden.“

Veränderbares muss man nicht hinnehmen. Dies wäre Torheit. Gegen Unveränderliches anzurennen wäre ebenso

Torheit. Daher ist auch die Weisheit wichtig, beides voneinander zu unterscheiden.

5.3 Wie sage ich es und wem sage ich es?

Eine große Herausforderung ist für viele verwaiste Eltern die Antwort auf die Frage, wie sie anderen Menschen sagen sollen, dass ihr Kind gestorben ist und welchem Personenkreis sie es überhaupt sagen wollen. Es gibt eine Reihe von Möglichkeiten:

Aufgabe einer Geburts- und Todesanzeige
Die Aufgabe einer Geburts- und Todesanzeige ist auch im Zeitalter der Telekommunikation ein gängiger Weg, um einer breiten Öffentlichkeit rasch wichtige Informationen zukommen zu lassen. Inzwischen haben einige Tageszeitungen vorbereitete Texte und Bilder, aus denen Sie aussuchen können.

Mitunter können Sie auch die Gestaltung der Anzeige selbst übernehmen. Fragen Sie hierzu bei Ihrer Zeitung nach.

Die Vorteile dieses Vorgehens sind:
- Die Information erreicht rasch alle Leser der Zeitung.
- Die Anzeige lässt sich archivieren (z.B. im Kinderalbum).

Die Nachteile sind:
- Die Anzeige können nur die Leser dieser Zeitung lesen.
- Die Information steht nur an dem einen Tag zur Verfügung.

Einladung an den gewünschten Personenkreis
Mit der Einladung für einen gewünschten Personenkreis können Sie sehr gezielt auswählen, wer von Ihrer Trauer

erfahren darf. Andere verwaiste Eltern sind dabei wie folgt vorgegangen:

1. Sie haben den Personenkreis festgelegt, den sie einladen wollten. War die Wohnung zu klein, um alle Personen an einem Abend aufnehmen zu können, so wurde diese Einladung wiederholt oder ein größerer Raum angemietet.

2. Den Gästen wurde mitgeteilt, dass das erwartete Kind tot ist und wie sehr sie darum trauern. Einige Eltern legten zur Verdeutlichung die Bilder des toten Kindes offen auf den Tisch oder reichten sie herum.

3. Verwaiste Eltern nannten ihren Gästen ihre Wünsche. Damit wussten diese, wie sie sich künftig verhalten sollen, um ihnen zu helfen:

- gelegentlich für sie mit kochen
- ihre Kinder stundenweise zu sich nehmen
- sie zum Einkaufen oder zu Ämtern begleiten
- mit ihnen zum Grab des Kindes gehen
- mit ihnen gelegentlich spazieren gehen
- sie immer wieder fragen, wie es ihnen geht.

Aus Ihrer persönlichen Wunschliste kann sich jeder Ihrer Gäste den für ihn passenden Wunsch übernehmen. Es wäre für die Menschen eine Überforderung, von jedem die Erfüllung aller Ihrer Wünsche zu erwarten. Die Erfahrung zeigt, dass Menschen von sich aus verschiedene Punkte übernehmen. Es kann sein, dass dann noch der eine oder andere Wunsch offen bleibt. Sprechen Sie dann die Menschen gezielt darauf an oder wenden Sie sich dann einfach an andere Freunde und Bekannte.

Die Vorteile dieses Vorgehens:

- Der Personenkreis lässt sich exakt eingrenzen.
- Der Personenkreis lässt sich nach Wunsch erweitern.
- Sie kommen mit den Personen ins Gespräch.
- Sie machen ihnen klar, dass Sie um ein Kind trauern, nicht um einen Zellhaufen.

- Sie können gemeinsam um Ihr Kind trauern.
- Auftretende Fragen können Sie sofort beantworten.
- Sie können Ihre Wünsche klar mitteilen.
- Diese Methode ist persönlicher und einfühlsamer.

Nachteilig ist, dass die Information nur einem begrenzten Kreis zukommt. In der Summe ist dies aber die effektivste Methode.

Einrichten einer Internetseite

Im Zeitalter des Internets nutzen immer mehr verwaiste Eltern die Möglichkeit, den Tod ihres Kindes mit Bild und Text der gesamten Welt bekannt zu geben. Hierzu nutzen viele Eltern das Angebot kostenloser Internetseiten. Einige melden hierfür eine eigene Domain an, die es auch für weniger als 10 EUR jährliche Gebühr gibt. (Beispiele dafür, wie es andere verwaiste Eltern machen, sind zu finden unter: www.kindergrab.de.)

Selbsthilfegruppe (SHG)

Leider ist es so, dass von den Mitmenschen immer weniger Verständnis für die Trauer um ein verstorbenes Kind erfahren wird, je früher das Kind während der Schwangerschaft verstorben ist. Hier kann der Gang zu einer SHG ein wichtiger Ausweg sein.

Beratung, Therapie

Beratung und Therapie ist ein weiterer Weg, um mit zumindest einem Menschen über Ihr Schicksal zu sprechen. Beratungsstellen arbeiten meist kostenlos bzw. nehmen ein geringes Entgelt. Eine Therapie hingegen muss bezahlt werden.

Mit Beratung oder Therapie haben Sie für einen begrenzten Zeitraum zumindest einen Menschen, mit dem Sie über Ihr Leid sprechen können.

Foren im Internet

Die Aussprache in Internetforen ist nach der Beratung und Therapie eine weitere Form, sich nur mit einem sehr engen Kreis von Menschen über das Erlebte auszutauschen. Hierbei handelt es sich meist um Betroffene, mit denen Sie in Kontakt kommen.

Es zeigt sich immer wieder, wie wichtig und hilfreich der Austausch mit Menschen ist, die Ähnliches erlebt haben, denn nur sie können Ihnen aus dem Herzen heraus den Satz sagen: „Ich verstehe Sie."

Es ist in jedem Fall sinnvoll, eine der beschriebenen Möglichkeiten zu wählen und Mitmenschen von Ihrem Schicksal wissen zu lassen. Wenn Sie sich anders entscheiden, wissen nur Sie alleine davon. Dies bedeutet dann für Sie, dass Sie mit keinem Menschen darüber sprechen können, dass Sie kein Verständnis für Ihre Situation erwarten können, dass Sie keine Hilfe und Unterstützung erfahren können. In diesem unvergesslichen Geschehen Ihres Lebens sind Sie dann ein einsamer Mensch. Dies erschwert Ihre Situation nur unnötig. Daher sollten Sie sich zumindest für einen Personenkreis entscheiden, mit dem Sie sich über das Erlebte austauschen können.

5.4 Hilfen zum Weiterleben

5.4.1 Von einem Tag zum nächsten

Wer sich in den ersten Tagen nach der Geburt sein Leben mit Aufgaben und Verpflichtungen vollstopft, gerät rasch in körperliche und seelische Überlastung. Dies kann zu dauerhaften körperlichen Beeinträchtigungen oder Erkrankungen führen. Für verwaiste Eltern kommt noch die Trauer um ihr verstorbenes Kind hinzu. Daher sollten sie den Tag nicht verplanen, sondern den Dingen ihren Lauf lassen. Als hilfreich haben sich dabei gewisse Strukturen des Tages und der Woche erwiesen, wie zum Beispiel feste Zeiten für die Mahlzeiten, am besten gemeinsam.

Ein perfekt geführter Haushalt zum Preis einer völlig erschöpften Mutter und einem gestressten Vater ist nicht erstrebenswert. Mütter mit einem stillgeborenen Kind, das mindestens 500 Gramm wiegt, haben vollen Anspruch auf den Mutterschutz. In besonderen Fällen kann ihnen eine Haushaltshilfe gewährt werden. Es ist ratsam, das mit dem Frauenarzt zu besprechen und mit der Krankenkasse abzuklären.

Christen beten im Vaterunser: „… unser tägliches Brot gib uns heute." In der Originalfassung des Evangelisten Matthäus heißt es: „Gib uns heute das Brot, das wir brauchen" (Mt 6,11), und beim Evangelisten Lukas: „Gib uns täglich das Brot, das wir brauchen." (Lk 11,3) Sie könnten beten: „Gib uns täglich das, was wir zum (Weiter)Leben brauchen. Diese Haltung könnte für Sie in den ersten Tagen und Wochen eine wertvolle Hilfe werden.

Bei Suchtkranken gibt es den Satz: „Nur für heute, nur für 24 Stunden keinen Alkohol." Ebenso kann es für trauernde Eltern eine wertvolle Hilfe werden, wenn sie nur den heutigen Tag im Blick haben. Ihn gilt es zu planen. Ihn gilt es zu überstehen. Ihn gilt es zu leben.

5.4.2 Die Zehn kleinen Gebote der Trauer

Die Zehn Gebote beginnen mit den einleitenden Worten „Du sollst". Die Zehn kleinen Gebote der Trauer beginnen in Abgrenzung dazu mit „Du darfst".

1. Gebot: Du darfst um Dein Kind trauern, auch wenn die anderen Menschen es nicht verstehen.
2. Gebot: Du darfst um Dein Kind Tränen vergießen und deine Trauer zeigen.
3. Gebot: Du darfst um Hilfe bitten und angebotene Hilfe annehmen. Aktive Hilfe ist auch ein Ausdruck der Anteilnahme.
4. Gebot: Du darfst den anderen Menschen sagen, dass ein gut gemeinter Satz Dich verletzt hat. Durch diese Rückmeldung lernen sie, besser mit Dir umzugehen.
5. Gebot: Du darfst in Erinnerungen schwelgen, was Du mit Deinem Kind erlebt hast. Das Erlebte gehört zu Dir und Deinem Leben.
6. Gebot: Du darfst in Phantasien schwelgen, was heute mit Deinem Kind sein könnte. Im Herzen lebt Dein Kind weiter.
7. Gebot: Du darfst Dich von Deiner Schuld am Tod Deines Kindes freisprechen lassen. Die Erinnerung daran genügt.
8. Gebot: Du darfst Deinen Körper lieben, denn er hat Dein Kind nicht umgebracht.
9. Gebot: Du darfst Dich von allen Menschen zurückziehen. Die Wunde Deines Herzens braucht zur Heilung auch Ruhe.
10. Gebot: Du darfst Dich ins Leben stürzen und lachen. Die Wunde Deines Herzens braucht zur Heilung auch Wohltaten.

5.4.3 Vorbeugen durch Information

Vielen verwaisten Eltern haben nach der Rückkehr in die eigenen vier Wände das Bedürfnis, sich von den Erlebnissen der letzten Stunden und Tage zu erholen. Doch ein paar Dinge sind davor noch zu erledigen. Es gibt Stellen, denen sie das Ende der Schwangerschaft mitteilen müssen bzw. sollten. Die folgende Auflistung hilft, an die am häufigsten vorkommenden Adressen zu denken:

Arbeitgeber
Das vorzeitige Ende der Schwangerschaft haben berufstätige Frauen unverzüglich ihrem Arbeitgeber mitzuteilen. Dazu sind Sie gesetzlich verpflichtet. Der Arbeitgeber benötigt die Angabe für seine Personalplanung, da er seit Bekanntwerden der Schwangerschaft mit dem Ausfall der Mutter rechnet.

Krankenversicherung
Normalerweise wird die Krankenversicherung vom Arzt oder der Klinik über das vorzeitige Ende der Schwangerschaft informiert. Dies erfolgt jedoch nicht immer. Dann bekommen die verwaisten Eltern zum errechneten Geburtstermin von ihrer Krankenversicherung ein Glückwunschschreiben zur „glücklichen Geburt" des Kindes.

„Der nächste Einbruch kam mit der Post der Krankenkasse. Es ging um mein Mutterschaftsgeld. Im ersten Absatz beglückwünschen sie mich doch tatsächlich zur Geburt meines Kindes und wünschen dem kleinen Erdenbürger für die Zukunft alles Gute." (Lisa: Zum Sterben geboren. Thüringen 2001, S. 129.)

Solchen unnötigen Erfahrungen kann man vorbeugen, indem man die Krankenversicherung über den Tod des Kindes informiert.

Freunde, Verwandte, Nachbarn, Arbeitskollegen

Freunde, Verwandte, Nachbarn und Arbeitskollegen wissen häufig von der Schwangerschaft und nehmen Anteil daran. Solange sie jedoch nicht wissen, dass das Kind tot ist, werden sie bei der nächsten Begegnung fragen, wie es der Mutter und dem Kind geht.

Um derartigen Situationen vorzubeugen, sollten die Personen über den Tod Ihres Kindes informiert werden, die von der Schwangerschaft wussten. Dabei müssen nicht alle Personen einzeln diese traurige Nachricht erhalten. Oft genügt es, eine Person aus der jeweiligen Gruppe zu informieren und diese zu bitten, es den anderen weiterzusagen. Das entlastet die trauernden Eltern.

Firmen für Babynahrung und Babysachen

Viele Eltern informieren sich während der Schwangerschaft bei verschiedenen Firmen über Babynahrung und Babysachen. Einige Eltern nehmen an Preisausschreiben teil. Häufig wird dabei auch die aktuelle SSW oder der voraussichtliche Geburtstermin erfragt. Eltern bekommen dann automatisch zum errechneten Geburtstermin ein Glückwunschschreiben zur „glücklichen Geburt" ihres Kindes.

Um dem Versenden derartiger Briefe vorzubeugen, sollten alle Firmen über das vorzeitige Ende der Schwangerschaft und den Tod des Kindes informiert werden, mit denen die Eltern im Zusammenhang der Schwangerschaft irgendwie Kontakt aufgenommen hatten.

Bei allen Bemühungen, auch wirklich alle Personen und Stellen zu informieren, die von der Schwangerschaft wussten, kann es passieren, dass dennoch die eine oder andere Person vergessen wurde. Um nicht überzureagieren, wenn man auf die Schwangerschaft angesprochen wird, ist es hilfreich, sich die Situation vorzustellen und sich die geeigneten Worte zurecht zu legen, um von der Situation nicht überrascht zu werden.

5.4.4 Nachsorge durch eine Hebamme

In Deutschland hat das Recht auf Nachsorge durch eine Hebamme,
- jede Frau deren Kind auf natürliche Weise während der Schwangerschaft stirbt, d.h. auch während ersten 12 SSW.
- seit 1. August 2007 auch die Frauen mit nach der 12. SSW durchgeführtem SSA.

In Österreich und der Schweiz haben Frauen nur ein Recht auf Nachsorge, wenn das Kind auf natürliche Weise gestorben ist und mindestens 500 Gramm wiegt.

Die Nachsorge beginnt mit der Geburt des Kindes und dauert mehrere Wochen, in besonderen Fällen bis zu 8 Wochen. Das ist die Zeit, die der Körper benötigt, um sich nach den Anstrengungen von Schwangerschaft und Geburt zu erholen und sich wieder zurückzubilden. Die Psyche von verwaisten Müttern benötigt hierfür noch länger.

Wie zu Beginn der Schwangerschaft, so macht die hormonelle Umstellung nach der Geburt vielen Frauen schwer zu schaffen. So steigt z.B. die HPL-Konzentration (engl.: Human plazental lactogen) in den ersten 16 SSW von 0 auf 1 μ ml an, um dann fast linear auf über 7 μ ml in der 36. SSW anzusteigen. Das Progesteron steigt während der Schwangerschaft von 0 auf 90 ng/ml in der 40. SSW an. Diese Hormone bringt der Körper innerhalb kurzer Zeit wieder auf Normalwerte. Das stellt für die Frau eine enorme körperliche wie auch seelische Belastung dar.

Um dies alles besser zu verarbeiten und zu überstehen hilft die Nachsorge durch die Hebamme. Sie umfasst bei verwaisten Müttern neben der psychischen Betreuung folgende Leistungen:

- Überwachung des Allgemeinbefindens der Mutter
- Überwachung der Körpertemperatur
- Messen und Prüfen von Blutdruck und Puls
- Kontrolle der Brüste
- Kontrolle der Uterusrückbildung
- Kontrolle des Wochenflusses
- Kontrolle der Wundheilung nach Dammschnitt oder Dammriss
- Kontrolle der Darmfunktion

Die Rückbildung des Körpers ist insbesondere für verwaiste Mütter wichtig, deren Kind in der zweiten Hälfte der Schwangerschaft oder während oder nach der Geburt gestorben ist. Eine spezielle Rückbildungsgymnastik unterstützt diese Entwicklung. Die Muskulatur soll gekräftigt und gestärkt werden. Dabei beinhaltet die Rückbildungsgymnastik die Behebung schwangerschaftsbedingter körperlicher Veränderungen:

- Rückbildung der Gebärmutter
- Kräftigung der Muskeln, die von der Überdehnung besonders betroffen sind (Bauch, Rücken, Beckenboden)
- Verdrängung des in Armen und Beinen eingelagerten Wassers
- Vorbeugung von Kreislaufkomplikationen, die nach einer Geburt auftreten können
- Vorbeugung einer Gebärmuttersenkung

Bewegung, Lockerungs- und Entspannungsübungen tragen auch zum körperlichen und seelischen Wohlbefinden bei.

5.4.5 Hilfe und Hilfsangebote annehmen

Manche Menschen tun sich sehr schwer damit, andere um Hilfe zu bitten. Sie wollen nicht hilfsbedürftig sein. Aber verwaiste Eltern sind in ihrer Trauer um ein verstorbenes Kind in einer hilfsbedürftigen Situation. Sie brauchen sich daher nicht zu schämen, wenn sie um Hilfe bitten.

Andere Menschen tun sich sehr schwer damit, Hilfe anzunehmen. Für sie bedeutet dies den Verlust von Selbständigkeit. Aber angebotene Hilfe kann nur wirken, wenn sie auch angenommen wird.

Einige Menschen haben die große Sorge, dass sie die ihnen zuteil gewordene Hilfe nie wieder begleichen können. Sie sind da regelrechte Buchhalter im Sinne von Nehmen und Geben. Aber für hilfsbereite Menschen ist es ein Ausdruck der Anteilnahme am Schicksal anderer, die sie durch ihre Hilfe entlasten wollen. Damit übernehmen sie einen Teil ihrer Last. Das ist eine handfeste Form von An-Teil-nahme.

5.4.6 Umgang mit problematischen Situationen

Frauen, deren Kind vor, während oder kurz nach der Geburt stirbt, sind Schwangere und junge Müttern mit ihren Babys unerträglich. Allein ihr Anblick lässt in den verwaisten Müttern Neid und zuweilen auch Hass aufkommen. Wird sie doch dadurch an den eigenen Verlust erinnert.

„Warum darf die andere Frau ihr Kind behalten, während ich es hergeben muss?" – „Warum darf die andere Frau ihr Kind im Arm halten, im Kinderwagen schieben, während mein Kind sterben musste?" Dies sind Fragen, die verwaiste Mütter in diesen Situationen quälen. Als besonders schmerzlich wird empfunden, wenn verwaiste Eltern davon erfahren, dass andere Eltern ihr Kind durch mangelnde Fürsorge oder Gewalt zu Tode kommen lassen. Als quälend wird auch empfunden, wenn Schwangere durch ihre Lebensweise und Ernährung nicht auf ihre eigene Gesundheit und die ihres Kindes achten und ihr Kind behalten, während das eigene Kind trotz aller Fürsorge während der Schwangerschaft gestorben ist.

5.5 Leben mit dem Tod eines Kindes

5.5.1 Wohin soll ich mich wenden?

Besonders, wenn verwaiste Mütter bzw. Eltern in ihrem sozialen Umfeld wenig Verständnis oder Geduld für ihre Trauer finden, stellt sich die Frage, wohin mit ihren Gefühlen, Gedanken, Ängsten und Bedürfnissen?

Die Ergebnisse einer im Jahre 2003 unter verwaisten Müttern durchgeführten Internetumfrage zeigt deutlich eine Hierarchie der Personenkreise, bei denen Sie am besten verstanden werden.

Betroffene

Nur Menschen, die selbst den Tod eines Kindes erlebt haben, wissen aus eigener Erfahrung, was es bedeutet, wenn ein Kind stirbt. Sie kennen die grundsätzliche Problematik. Sie allein können berechtigt sagen: „Ich verstehe Sie."

Innerhalb dieser Gruppe von Betroffenen wurden bei einer Umfrage die Kontakte in Internetforen als am hilfreichsten angegeben, gefolgt von den Selbsthilfegruppen. Daneben gibt es oft Betroffene im eigenen Umfeld.

Entsprechende Internetadressen von Foren und SHG finden Sie unter: www.kindergrab.de.

Partner

Nach dem Kreis der Betroffenen (Internet und SHG) erfuhren verwaiste Mütter größten Trost und Hilfe von ihrem Partner.

Freundinnen oder Freunde

FreundInnen sind nachweislich nach Betroffenen und Partnern die hilfreichsten Personen. Dies mag in der tiefen Verbundenheit und dem Mitgefühl von FreundInnen liegen. Nur selten kommen hier dumme Sprüche vor wie: „Du bist noch jung." „Du kannst noch viele Kinder kriegen." „Das nächste Mal klappt es bestimmt."

Verwandte

Auch Verwandte haben häufig viel Verständnis für die Lage verwaister Eltern. Leider haben sie nicht immer große Geduld mit der Trauer. Mitunter fragen sie nach Wochen nach dem Tod des Kindes, ob man denn noch immer nicht darüber hinweg sei. Hier ist es wichtig, dass ihnen klargemacht wird, dass die Trauer um ein verstorbenes Kind nie endet, dass sie sich nur wandelt.

GemeindepfarrerIn

Wem der Glaube wichtig ist, kann den Gemeindepfarrer bzw. die Gemeindepfarrerin darüber informieren, dass ihr Kind gestorben ist.

Sonstige Personen

Auch andere Personen können in der Trauer eine große Hilfe sein. Mit etwas Glück treffen verwaiste Eltern auf ein anderes verwaistes Paar, die ihre Erfahrungen teilen. Diese können dadurch für sie viel Verständnis aufbringen und ihnen sagen, was in der Situation hilfreich ist.

Telefonseelsorge

Die Telefonseelsorge ist täglich 24 Stunden in Deutschland unter folgender Telefonnummer erreichbar: 0800-111 0 111 oder 0800-111 0 222

Beratung

Besonders kirchliche Beratungsstellen der Diakonie und der Caritas sowie einige Stellen der Sozialdienste (z.B. Sozialdienst katholischer Frauen) bieten für verwaiste Eltern Einzel- und Gruppengespräche an. Meist sind diese Angebote (noch) kostenlos.

Auch gibt es immer mehr private Trauerbegleiter. Sie bieten meist Einzel- und Gruppengespräche an, mitunter auch Trauerseminare.

Trauerseminare und Therapie

Sollte die Trauer über Monate hinweg lebenszerstörend sein, dann ist es angebracht, ein Trauerseminar oder eine Therapie zu besuchen. Hierfür gibt es verschiedene Angebote. Informationen sind bei kirchlichen Beratungsstellen, der Kommune oder auch bei Selbsthilfegruppen erhältlich.

Bücher

Erfahrungsberichte betroffener Frauen stellen für viele verwaiste Mütter eine wichtige Hilfe für die Trauerarbeit dar. Umfassende und aktuelle Bücherlisten finden Sie in der Linksammlung der Internetseite: www.kindergrab.de

5.5.2 Tot und was dann?

Vielleicht haben Sie noch nie über diese Frage nachgedacht. Vielleicht haben Sie sich zwar damit beschäftigt, aber noch keine zufrieden stellende Antwort gefunden. Vielleicht hatten Sie das Thema abgetan und es kommt durch den Tod Ihres Kindes neu auf. Eines will ich von vornherein klarstellen: Niemand kann diese Frage mit naturwissenschaftlichen Methoden eindeutig beantworten. Hier enden alle unsere Möglichkeiten. Was uns weiterhilft, ist der Glaube. Es muss nicht ein an eine Religion gebundener Glaube sein, sondern einfach nur der Glaube bzw. die Hoffnung an das Weiterleben nach dem Tod.

Leben wir nach dem Tode weiter? Die meisten Menschen glauben irgendwie an ein Weiterleben nach dem Tode. Doch das beweist noch nichts. Es gab eine Zeit, in der die Menschheit davon überzeugt war, dass die Erde

eine Scheibe sei. Die Frage steht damit noch immer unbeantwortet und offen da.

Im Umgang mit dieser Frage gehe ich persönlich immer
wieder von folgenden Überlegungen aus:

a) Wenn ich nicht an ein Weiterleben nach dem Tode glaube und es gibt dieses dennoch, dann habe ich mir die
Freude auf das Wiedersehen genommen.

b) Wenn ich an ein Weiterleben nach dem Tode glaube
und es gibt dieses nicht, so werde ich es nie erfahren,
denn dann bin ich wirklich tot.

Es gibt für mich aber auch noch eine andere Überlegung:
Wir Menschen sind mehr als das, was wir aneinander sehen, begreifen und ertasten können. So besitzen wir Gefühle und Gedanken. Aus diesem Grund glaube ich an ein
Wiedersehen mit all den Menschen, die vor mir verstorben
sind und mit allen denen, die noch nach mir sterben werden. Daher verabschiede ich mich in der Klinik auch von
jedem Toten, mit dem ich zu tun hatte, mit einem bewuss-
ten „Auf-wieder-sehen".

Vielleicht finden Sie ähnliche Überlegungen, bei denen
Sie zum gleichen Schluss kommen. Ich könnte mir vorstellen, dass Sie sich fragen, warum Sie noch immer an Ihr Kind
denken, warum Sie noch immer von Ihrem Kind träumen,
warum Sie noch immer das Gefühl haben, dass Ihr Kind da
ist, warum Sie den Eindruck haben, dass Ihr Kind lebt …
Alle diese Fragen führen zu dem gleichen Ziel: Es hat Sinn,
an ein Weiterleben nach dem Tod zu glauben und damit
auch an das Wiedersehen mit Ihrem Kind.

5.5.3 Achterbahn der Gefühle

„Ist schon gut." – „Weine nicht!" oder auch „Du musst den
Schmerz rausweinen!" – Die Erwartungen und Forderun-
gen der Menschen an trauernde Eltern sind sehr unterschiedlich. Nur wenige Menschen können als Angehörige,

Freunde oder Bekannte gut mit der Situation eines toten Kindes umgehen.

Es wird von erwartet, dass trauernde Eltern lachen, auch wenn ihnen zum Heulen ist. Es wird von ihnen erwartet, dass sie trauern, auch wenn ihnen momentan nicht danach ist. Es wird von ihnen erwartet, keine Wut auf das verstorbene Kind zu haben, weil dieses keine Schuld trifft. Es wird von ihnen am Arbeitsplatz erwartet, dass sie ihre Gedanken bei der Arbeit haben, auch wenn sie momentan an ihr Kind denken. ...

Die Erwartungen anderer Menschen sind vielfältig. Viele verwaiste Eltern erfüllen die Erwartungshaltungen anderer Menschen. Aber das entspricht einer Vergewaltigung ihrer Gefühle. Es kann nicht oft genug wiederholt werden: Verwaiste Eltern befinden sich in einem Ausnahmezustand, aus dem sie nur sehr langsam wieder zum normalen Leben zurück finden. Dieser Prozess dauert nicht Stunden und Tage, sondern Monate und Jahre.

Solange verwaiste Eltern in dem Ausnahmezustand stecken, ist alles möglich und auch alles normal: Da haben sie sich mühsam aus dem Tal der Trauer hochgearbeitet und sehen mal wieder Licht. Da kommt ein Absturz. Nicht das sie langsam in die Trauer hinuntergleiten. Es ist ein tatsächlicher Absturz. Innerhalb von Sekunden oder Sekundenbruchteilen befinden sie sich wieder auf der Ebene der Trauer wie damals, als sie die Nachricht vom Tod ihres Kindes erhielten. Dafür muss es keine äußeren Anlässe geben. Diese Abstürze kommen auch aus heiterem Himmel.

Dieses Auf und Ab der Gefühle, dieses Gefühlschaos, ist in den ersten Wochen und Monaten für verwaiste Eltern völlig normal. Sie sind nicht ver-rückt, Sie sind nur in Trauer. Sie brauchen keinen Psychiater, sondern nur Menschen, die mit ihnen um ihr verstorbenes Kind trauern.

5.5.4 Mögliche Rituale zu Hause

Zuhause angekommen, haben viele verwaiste Mütter den Eindruck, ihr Kind im Stich gelassen zu haben. Sie fühlen sich von ihrem Kind getrennt und wollen gerne beim Kind sein bzw. das Kind bei sich haben.

Rituale vermögen Unaussprechlichem einen stillen Raum zu geben. Folgende Aufzählung von Ritualen kann einige Anregungen geben:

Kerze
Viele verwaiste Mütter haben zu Hause eine Kerze stehen, die sie täglich im Gedenken an ihr stillgeborenes Kind anzünden. Sie denken dabei an ihr Kind, beten mitunter auch zu Gott. Einige Frauen hängen dann ihren Tagträumen nach, was sie jetzt mit dem Kind tun würden, wenn es leben würde. Mit dem Löschen der Kerzenflamme verabschieden sie sich von diesen Gedanken.

Gedenkecke
Einige verwaiste Eltern haben im Wohn-, Ess- oder Schlafzimmer eine Gedenkecke für ihr stillgeborenes Kind eingerichtet. Meist sind dort eine Kerze und ein Erinnerungsbild des stillgeborenen Kind aufgestellt. Je nach Ort kann tagsüber, z.B. bei der Hausarbeit, durch einen kurzen Blick zu dieser Gedenkecke die Erinnerung an das stillgeborene Kind wachgerufen werden. Besonders in den ersten Tagen und Wochen der Trauer kann dies eine wertvolle Hilfe in der Trauerarbeit sein.

Gedenkalbum, Gedenkmappe
Einige verwaiste Eltern erstellten ein Gedenkalbum bzw. eine Gedenkmappe über ihr stillgeborenes Kind. Darin sind alle Fotos und Dokumente enthalten, die im Zusammenhang mit diesem Kind stehen. Angefangen vom ersten

Ultraschallbild und der Fotokopie vom Mutterpass bis hin zu den Fotos des stillgeborenen Kindes und seinem Grab findet dort alles seinen Platz. Auch die abgeschnittene Haarlocke gehört dazu.

Das Album bzw. die Mappe dokumentiert die Existenz und das kurze Leben dieses Kindes bis zu seinem Grab. Sie können es immer wieder Verwandten und Freunden vorlegen oder auch alleine durchblättern.

Grabbesuch, Grabpflege

Viele verwaiste Väter gehen in den ersten Wochen und Monaten ihrer Trauer täglich an das Grab ihres stillgeborenen Kindes. Für Männer scheint es ein idealer Ritus zu sein, um ihre Trauer zu leben. Sie müssen hierbei nichts sprechen. Sie gehen einfach still hin, pflegen das Grab und lassen dort still ihren Tränen freien Lauf.

Grabpflege kann ein guter Ersatz für die ungelebte Liebe zum stillgeborenen Kind sein. Hierbei können Eltern ihrem Kind einen Teil ihrer Liebe, die sie ihm schenken wollten, durch die Pflege des Grabes zukommen lassen. Es gibt verwaiste Eltern, die an besonderen Gedenktagen ihrem stillgeborenen Kind ein Geschenk auf das Grab bringen.

Tagebuch

Einige Frauen haben mit dem Bekanntwerden der Schwangerschaft mit dem Schreiben eines Tagebuchs begonnen. Ein solches Tagebuch kann auch nach dem Tod des Kindes fortgesetzt werden. Es ist ein Zeugnis der Erwartung und Hoffnung auf das Kind. Es wird beim Tod des Kindes zum Zeugnis der Trauer um das Kind.

Auch wenn die Mutter bislang kein Tagebuch geschrieben hat, kann der Tod ihres Kindes Anlass dazu werden, damit zu beginnen. Wie einer guten Freundin kann sie jederzeit ihre Gedanken und Gefühle dem Tagebuch anvertrauen. Es behält auch die persönlichsten Angaben für sich. Nach Wochen und Monaten kann sie nachlesen, was sie damals empfunden hat. Dabei wird sie feststellen, welchen Weg der Trauer sie inzwischen zurückgelegt hat. Diese Veränderung ist ohne Tagebuch meist nicht wahrnehmbar.

5.5.5 Umgang mit der Trauer

„Viele Wege führen nach Rom." Dieses bekannte Sprichwort gilt im Umgang mit der Trauer in besonderer Weise. Es gibt kein Universalrezept, wie verwaiste Eltern mit ihrer Trauer umgehen sollen. Es kann nur aufgezeigt werden, was anderen in der gleichen Situation geholfen hat.

Zulassen der Trauer
Einige Menschen haben Schwierigkeiten, Trauer bei sich überhaupt zuzulassen. Sie weichen ihr auf verschiedensten Wegen aus: Alkohol, Arbeit, Freizeitstress … Es schmerzt schließlich, die Trauer zuzulassen. Dem Schmerz wollen sich die Menschen oft nicht aussetzen. Diese Schmerzvermeidungsstrategie ist ein ganz natürliches Verhalten. Damit tun wir uns jedoch nichts Gutes. Verdrängte Trauer kommt an anderer Stelle hoch. Selbst wenn Menschen erfolgreich verdrängt haben, so kann die Trauer nach Jahren mit Magengeschwüren oder anderen Krankheiten in anderer Gestalt zum Vorschein kommen.

Ein anderer Grund für die Verdrängung ist Scham. „Ein Indianer kennt keinen Schmerz." – „Ein Junge weint nicht." Und erst recht weint ein Mann nicht. Diese Sätze aus Erziehung und Gesellschaft lassen Trauer verdrängen.

Auch wenn das soziale Umfeld Eltern nach Stillgeburt das Recht auf Trauer nur sehr kurz zugesteht, wenn der Arbeitsplatz wieder eine „funktionierende" Kraft fordert, haben Eltern ein Recht auf ihre Trauer. Auch wenn das

Kind bereits in den ersten SSW gestorben ist, wenn niemand das Kind gesehen hat, haben Eltern ein Recht auf ihre Trauer. Auch wenn sie sich gegen ihr Kind entschieden haben, wenn sie kein Grab für ihr Kind haben, haben Eltern ein Recht auf ihre Trauer.

Die Trauer leben

Die Trauer zu leben bedeutet nicht, sie zu pflegen und sich ihr völlig hinzugeben. Die Trauer zu leben bedeutet, sie zuzulassen, wenn sie da ist. Sollte sie für Stunden oder Tage verschwunden sein, dann muss ihr nicht nachgeweint werden. Niemand braucht deswegen ein schlechtes Gewissen zu haben, als ob er sein Kind deswegen nicht lieben würde.

Zu wissen, wie andere verwaiste Mütter trauern, kann Mut für das Zulassen der eigenen Trauer geben und Möglichkeiten der Art und Weise aufzeigen, wie Trauer gelebt werden kann:

„Tja, wie trauert man? Still und leise vor sich hin und manchmal laut brüllend und weinend! Ich lasse es immer raus, wenn die Möglichkeit besteht! Weil es besser ist, es gleich raus zu lassen anstatt es zu unterdrücken! Weil es sonst nur schlimmer wird!"

„Ich rede sehr viel über meine Tochter und schaue mir ihr Foto ständig an."

„Anfangs weinte ich nur, schrieb das Schwangerschaftstagebuch weiter, trat dem Forum bei, beschäftigte mich intensiv mit meiner Tochter, sprach später mit anderen Betroffenen über sie und bin immer da, wenn sie mich ,ruft'."

„Ich weine sehr viel. Sprche mit meinem Freund und vielen Freundinnen über das Geschehene, tausche mich in Foren mit anderen verwaisten Müttern aus. Heute versuche ich, meine Tränen zu unterdrücken (warum?), freue mich, wenn die Blumen auf seinem Grab blühen und zünde ihm oft eine Kerze an."

„In der ersten Zeit habe ich sehr viel geweint, geschrien und ging täglich zum Friedhof. Habe viel im Internet gesurft, die Home-

page „www.schmetterlingskinder.de" besucht und mich mit an-
deren betroffenen Müttern ausgetauscht."

„Ich trat dem Schmetterlingskinder.de (Forum) bei, redete viel
mit meinem Mann und Freundinnen, erstellte eine Homepage,
zünde am Jahrestag eine Kerze an, wünsche meinem Kind jeden
Abend eine gute Nacht, rede viel mit ihm."

Es gibt auch ungesunde Formen der Trauer, die nach fach-
licher Hilfe verlangen:

„Ich trauere selbstzerstörerisch: zu viel Arbeit, zu viel Genuss-
mittel (Alkohol, Zigaretten), Schlaflosigkeit, dann Erschöp-
fungsschlaf und Zusammenbruch. Ich werde böse, kratzbürstig,
gemein zu anderen."

Viele Menschen, insbesondere Männer, schämen sich zu
weinen, insbesondere in der Öffentlichkeit. Sie unterdrücken die Tränen und lassen den Schmerz und die Trauer
nicht heraus. Ich vergleiche es gern mit einem Staudamm,
den wir daran hindern, leer zu laufen. Damit erhöhen wir
den Druck auf die Staumauer. Irgendwann ist der Druck
so stark, dass diese bricht. Um dem vorzubeugen, sollten
auch Männer diesen „Stausee" leer laufen lassen und damit den Druck verringern. Denn es stimmt: Weinen befreit
und erleichtert.

Der Trauer Raum und Zeit geben

Es gibt Menschen, die meinen, dass die Trauer um ein stillgeborenes Kind bereits nach einigen Tagen überwunden
sein sollte. Es gibt Bücher, die geben hierfür Zeiträume in
Wochen und Monaten an. Ich rechne mit Jahren und Jahrzehnten. Mit diesen großen Zeiträumen der Trauer von
Jahren und Jahrzehnten will ich niemanden erschrecken.
Ich will vielmehr den Druck nehmen, dass Trauernde nach
einem bestimmten Schema funktionieren müssten.

Meine Erfahrung ist: Die Trauer um ein Kind endet nie – sie wandelt sich. Meine Empfehlung ist: Lassen Sie sich für die Trauer Zeit. Lassen Sie sich von niemandem dabei treiben oder hetzen. Gehen Sie Ihren Weg durch die Trauer mit der Ihnen gemäßen Geschwindigkeit. Sollten Sie in Ihrer Trauer wieder schwanger werden, so leben Sie nicht nur Ihre Trauer weiter, sondern freuen sich auch auf Ihr Kind. Gehen Sie Ihren Lebensweg weiter, Schritt für Schritt mit dem „Bein der Trauer" um ihr verstorbenes Kind, und mit dem „Bein der Hoffnung" auf das nachgeborene Kind.

Häufig wird vom „Trauerjahr" gesprochen. Es hat einen tiefen Sinn: Trauernde lernen einmal im Jahreszyklus die Trauer mit all ihren Schattierungen kennen. Sie lernen dabei nicht nur, wie Frühling, Sommer, Herbst und Winter ohne den verstorbenen Menschen ist. Sie lernen auch, wie die Feste ohne diesen Menschen zu feiern sind: Weihnachten, Ostern, Geburts- und Namenstage. Im ersten Trauerjahr ist noch alles neu. Die weiteren Jahre sind Wiederholungen dessen. Trauernde kennen dann das Gefühl, das auf sie zukommt. Einige haben dann auch gelernt, damit umzugehen.

„Für mich ist es noch immer unfassbar. Es sind fast 18 Monate vergangen, aber es ist wie gestern. Trauer braucht viel, viel Zeit. Die Liebe bleibt."

„Da der Tod meiner Zwillinge bereits fünf Jahre zurückliegt, ist die Trauer eine andere als in der unmittelbaren Zeit danach."

„Heute denke ich oft an sie, ohne den grenzenlosen Schmerz der ersten Wochen und Monate. Gelegentlich (zwei bis drei Mal im Jahr) gehe ich auf ihr Grab."

„Ich trauere heute noch, nach 17 Jahren. Fange immer wieder an zu weinen. Will mein Kind zurück haben, habe es sehr stark verdrängt und tue es immer noch, weil es immer noch so ist, als ob es gestern gewesen wäre."

„Am 3. Oktober 2004 wurden es 19 Jahre, dass ich meine Tochter Anna still geboren habe. Aber die Zeit mit ihr, ihre Geburt, alles

was mit ihr zusammenhängt, werde ich nie vergessen. Obwohl dieses Kind für mich nie wirklich greifbar war, hat es mein Leben sehr verändert."

Sich etwas Gutes tun

Besonders in den ersten Tagen nach dem Tod eines Kindes erscheint es der Mutter bzw. den Eltern unmöglich, je wieder glücklich sein zu können oder auch nur zu lachen. Ihre Gefühle sind mit ihrem Kind gestorben. Sie selbst fühlen sich leer, ausgebrannt und tot.

Die Gefahr besteht, dass sie sich selbst jede Lebensfreude verbieten. Ihre Freude am Leben beginnt damit, dass sie es zulassen, sich wieder zu freuen. Solange sie sich gegen jede Freude und jeden Genuss sperren und verschließen, solange werden diese bei ihnen nicht einkehren. Daher:

– Lassen Sie es zu, dass Ihnen auch Gutes wiederfährt.
– Lassen Sie es zu, dass auch Lachen wieder möglich ist.
– Lassen Sie sich von Ihrem Ehepartner /Ihrer Ehepartnerin verwöhnen und genießen Sie es.
– Genießen Sie ganz bewusst jede Wohltat, die Ihnen das Leben zuteilwerden lässt.

Ein zweiter Schritt ist, dass Sie selbst aktiv werden. Tun Sie sich selbst wieder etwas Gutes. So wie Sie eine Wunde der Haut versorgen, so können Sie auch die Wunde des Herzens behandeln. Wie Sie Balsam auf die Wunde der Haut binden, so können Sie auch täglich die Wunde Ihres Herzens versorgen.

Eine einfache Übung

Sehen Sie sich morgens im Spiegel bewusst an und sagen Sie zu Ihrem Spiegelbild: „Heute tu' ich dir etwas Gutes." Im Laufe des Tages sollte dieser Entschluss eingelöst werden. Dabei sollten Sie dieses Gute auch ganz bewusst genießen. Hierzu einige Beispiele:

Seien Sie kreativ, lassen Sie Ihrer Phantasie freien Lauf. Je nach Begabung und Talent, malen oder zeichnen Sie, dichten oder komponieren Sie, gestalten Sie eine Homepage für Ihr Kind, basteln Sie, schreiben Sie Tagebuch, pflegen Sie das Grab Ihres Kindes oder machen Sie sonst etwas.

Schaffen Sie einen gesunden Ausgleich zwischen Ruhe und Anstrengung. Schlafen Sie aus und strengen Sie sich in gleicher Weise körperlich an. Treiben Sie Sport, am besten Ausdauersport. Machen Sie lange Spaziergänge, wandern, joggen, laufen, schwimmen Sie, fahren Sie Rad. Besuchen Sie ein Wellness-Bad.

Spüren Sie immer wieder in sich hinein und hören Sie, was Ihnen heute, was Ihnen im Augenblick gut tun würde. Gönnen Sie es sich für eine zuvor festgesetzte Zeit ganz hemmungslos.

Sollte Ihr Wunsch darin bestehen, sich völlig zurückzuziehen (und die Decke über den Kopf zu ziehen), so achten Sie im eigenen Interesse darauf, dass Sie den Kontakt zu den Mitmenschen nicht verlieren. Gehen Sie in gleicher Weise auf andere Menschen zu und laden diese zu sich ein bzw. lassen Sie sich einladen.

Herrin bzw. Herr der Trauer werden
Ein wichtiger Schritt ist, selbst Herrin bzw. Herr der Trauer zu werden. Das bedeutet nicht, die Trauer zu überwinden, sondern die eigene Trauer zu steuern und damit bewusst leben zu können.

Um die Trauer in den Griff zu bekommen, gehört wesentlich dazu, ganz bewusste Trauerzeiten zu haben. Ob morgens oder abends oder zu einer anderen Tageszeit, wichtig ist, dass diese Zeit der Trauer eingehalten und bewusst gelebt wird.

Hierzu kann das Album des Kindes, die eingerichtete Trauerecke oder der Gang zum Grab helfen. Es kann auch einfach nur eine in Gedanken an das Kind entzündete Kerze genügen. Wichtig ist, dass diese regelmäßige Trauerzeit bewusst gelebt wird. Am Anfang wird es täglich sein, vielleicht sogar mehrmals täglich. Irgendwann wird es alle zwei Tage sein. Nach vielen Jahren wird es schließlich nur noch an besonderen Gedenktagen sein.

Außerhalb dieser Trauerzeiten sollten trauernde Eltern sich darum bemühen, ihre Trauer nicht zuzulassen. Sollte sie in ihnen hochkommen, kann sie auf die festgesetzte Trauerzeit verwiesen werden: „Jetzt nicht, aber dann ...!"

In der Anfangszeit ist es sinnvoll, morgens und abends Trauerzeiten einzurichten. So wird die anstehende Trauer morgens bewusst gelebt und der Tag nicht mit einem Defizit an gelebter Trauer begonnen. Die im Laufe des Tages aufkommende Trauer kann auf den Abend verwiesen werden. Am Ende des Tages sollte die angesammelte Trauer wieder bewusst gelebt werden.

Mit der Zeit werden Sie darin Übung bekommen, Ihre Trauer bewusst zu leben. Sie werden Ihre Trauer in den Griff bekommen und ihr nicht weiterhin hilflos ausgeliefert sein. Dies wird Ihr Wohlbefinden und Ihre Gesundheit fördern.

Dieser letzte Schritt im Umgang mit Trauer wird Sie nicht vor plötzlichen Weinkrämpfen bewahren. Er wird Ihnen jedoch helfen, dass sie in Anzahl und Intensität abnehmen.

Der letzte Schritt im Umgang mit der Trauer wird Sie jedoch zur Herrin bzw. zum Herrn Ihrer Trauer machen. Sie sind ihr nicht mehr so hilflos ausgeliefert, sondern können sie gezielt zurückhalten, da Sie es gelernt haben, Ihre Trauer an anderer Stelle, zu einer anderen Zeit zu leben.

5.4.6 Umgang mit Schuld und Schuldgefühlen

Generell ist zwischen objektiver Schuld und subjektivem Schuldgefühl zu unterscheiden. Es gibt Situationen, da sind beide deckungsgleich. Meist ist jedoch ein subjektives Schuldgefühl vorhanden, ohne dass eine objektive Schuld zu erkennen ist. So fühlen sich viele verwaiste Mütter nach der Geburt eines stillgeborenen Kindes subjektiv schuldig, selbst wenn keine objektive Schuld vorhanden ist:

„Ich habe gedacht, dass sich das Kind bei mir nicht wohlgefühlt hat, weil der Vater es nicht wollte und sich dann von mir getrennt hat. Deshalb stand ich unter Stress. Außerdem war die Schwangerschaft nicht geplant, und vielleicht hat mein Kind deshalb das Gefühl gehabt, „nicht willkommen zu sein". Auch bin ich während der Schwangerschaft umgezogen und habe schwere Kisten getragen und dachte dann, dass es vielleicht auch daran gelegen hat."
„Ich hatte keine Schuldgefühle unserem Kind gegenüber. Aber meinem Mann gegenüber. Die ganze Schwangerschaft über gab es kleine Signale in meinem Kopf, dass mein Kind nach der Geburt nie bei uns sein würde. Als mein Mann und ich uns mal gestritten haben, da habe ich zu ihm gesagt, er solle beten, dass sein Kind gesund ist und lebt, wenn es zur Welt kommt. Es war aus Wut, aber heute tun mir diese Worte sehr leid. Mein Mann hat sie vielleicht längst vergessen. Ich habe ihn nie drauf angesprochen."
„Ich hatte das Gefühl, mein Körper hätte versagt. Das Kind konnte nicht wachsen, weil es zu schlecht versorgt wurde o.ä. Allerdings habe ich diese Gefühle versucht, rational zu kontrollieren und nicht übermächtig werden zu lassen, was mir auch gelungen ist."

Objektive Schuld
Objektive Schuld liegt bei schuldhaftem Verhalten vor. Nicht immer ist es eindeutig feststellbare Schuld. Sie trifft bei jedem Verhalten zu, das nachweislich den Tod des Kin-

des zur Folge hat, nicht aber bei jedem SSA. Dies kann ein Vollrausch (Alkoholvergiftung) oder eine Nikotinvergiftung (zwei Schachteln Zigaretten an einem Abend) sein.

Die Grenzen sind hier fließend und relativ. Sie sind nicht absolut. So kann es sein, dass eine Mutter in der Schwangerschaft nicht mehr geraucht hat als ihre Freundin, die zur gleichen Zeit schwanger war. Während jedoch ihr Kind wegen übermäßigem Rauchen gestorben ist, gebar ihre Freundin ein gesundes Kind.

Liegt objektive Schuld vor, so ist sie meist die Ursache des subjektiven Schuldgefühls. Es stellt sich die Frage nach dem Umgang damit. Eine Möglichkeit ist, sich für den Rest des Lebens immer wieder diese Schuld vorzuwerfen. Dann werden diese Schuldgefühle erst mit dem eigenen Tod zu Grabe tragen.

Man kann auch anders mit subjektiven Schuldgefühlen umgehen, die sich mit objektiver Schuld decken, wie nachfolgende Beispiele zeigen:

Schwangerschaftsabbruch

Es gibt verschiedene Gründe, warum sich Frauen gegen ihr Kind entscheiden. Hier sollen zwei Gründe herausgegriffen werden:

Beispiel 1: Frau B. hat zwei Kinder. Nach einem Umzug in eine fremde Stadt wird sie wieder schwanger. Bei einer Voruntersuchung wird festgestellt, dass ihr Kind an Trisomie 21 (Down-Syndrom) leidet. Die Eltern wollen das Kind behalten und informieren sich daher, was auf sie zukommt. So besuchen sie verschiedene Familien mit ähnlich behinderten Kindern. Frau B. ist noch immer für das Kind, doch sie sieht sich alleine und verlassen. Sie hat in der fremden Stadt noch keinen tragfähigen Freundeskreis. Die alten Freunde sind über 300 km weg. Die Zusage des Mannes, dass sie beide das schon schaffen, wird immer schwächer. Sie hat nicht die Kraft, das behinderte Kind alleine zu erziehen. Sie fühlt sich überfordert und entscheidet sich daher gegen das Kind.

Faktisch ist Frau B. am Tod ihres Kindes schuldig. Sie hätte sich auch anders entscheiden können: Frau B. hätte das behinderte Kind in unserer behindertenfeindlichen Gesellschaft (verschiedene Gerichtsurteile belegen es) gebären und zur Adoption freigeben können. Frau B. hätte auch das Kind gebären und das Scheitern ihrer Ehe riskieren können. Ihr Mann stand vor dem SSA nicht mehr so stark hinter ihr und dem Kind, wie unmittelbar nach der Feststellung der Behinderung. Frau B. hätte das behinderte Kind gebären und die eigene physische wie auch psychische Überforderung riskieren können.

Beispiel 2: Frau H. befindet sich noch in der Berufsausbildung. Der Geburtstermin würde in die Zeit der Prüfung fallen. Frau H. würde mit einem Kind nicht in der Firma übernommen werden.

Sie fühlt sich jedoch in dem Team wohl und diese Arbeit macht ihr Freude. Mit Kind sieht sie Berufsausbildung und Arbeitsplatz gefährdet. Außerdem will ihr Freund sie verlassen, wenn sie das Kind nicht abtreiben lässt. Die gemeinsame Wohnung kann sie alleine nicht finanzieren. Frau H. entscheidet sich schließlich entgegen ihrer eigenen Gefühle gegen das Kind und damit für die Arbeitsstelle und den Freund.

Die Erfahrung lehrt, dass Frauen von solchen „Freunden" später meist verlassen oder unterdrückt werden. Frau H. hat damit kaum etwas gewonnen. Sie hätte die Prüfung ein Jahr später machen können. Vielleicht wäre sie auch mit einem Kind von der Firma übernommen worden.

Frauen wie Frau B. und Frau H. haben nun eine Erfahrung gemacht, für die sie sich bewusst entschieden haben.

Oft stehen diese Frauen gefühlsmäßig nicht hinter dem, was sie da getan haben. Umso größer können die subjektiven Schuldgefühle sein. – Sie haben jedoch auch eine Erfahrung gemacht, die sie für das Leben prägen wird. Sie werden den SSA vielleicht verdrängen können, aber nie vergessen. Immer wieder werden sie daran erinnert werden.

Wie jedes Schlechte auch etwas Gutes hat, so auch hier. Sie werden den Wert des Lebens stärker schätzen, als sie es bisher getan haben. Sie wissen, was es heißt, zu einem Menschen „Nein" zu sagen. Sie verurteilen nicht vorschnell andere Frauen, die sich wie sie auch gegen ihr Kind entschieden haben.

Subjektive Schuldgefühle

Subjektive Schuldgefühle sind bei den meisten verwaisten Müttern von stillgeborenen Kindern vorhanden. Meist sind sie jedoch unbegründet, da keine objektive Schuld feststellbar ist. Deswegen ist sie jedoch nicht weniger wirkungsvoll. Es hilft hier wenig, einfach nur zu sagen: „Sie haben am Tod Ihres Kindes keine Schuld." Um diese ungerechtfertigten Schuldgefühle aufzulösen, ist die Begründung zwingend notwendig. Meist muss dieser Satz immer wieder gehört (oder gelesen) und von den Frauen immer wieder ins Bewusstsein gerufen werden.

Daher ist es sinnvoll, die Begründung, warum Sie am Tod Ihres Kindes nicht schuld sind, Ihrem Partner, Ihrer Freundin oder sonst einem Ihnen nahestehenden Menschen mitzuteilen und diese zu bitten, es Ihnen so lange zu sagen, bis Sie es ohne Zweifel wirklich glauben. Eine andere Methode ist, sich einen Zettel mit dieser Begründung an einer Stelle aufzuhängen, wo Sie täglich (mehrmals) hinsehen werden, so zum Beispiel in den Kleiderschrank, an den Spiegel im Bad oder in der Küche über dem Herd. Wichtig ist, dass Sie diese Begründung immer wieder hören oder lesen.

Weder genetische Ursachen noch eine Plazentainsuffizienz sind in irgendeiner Weise schuldhaft. Sie führen zum Tod des Kindes, ohne dass die Mutter den geringsten Einfluss darauf hat. Auch wenn die Ursache für den Tod des Kindes nicht (sicher) festgestellt werden konnte, bedeutet dies keine Schuldzuweisung an die Mutter. Es bedeutet nur, dass die Ursache nicht (sicher) festzustellen war.

5.5.7 Umgang mit „gut gemeinten" Sprüchen

„Wir müssen die Menschen nehmen wie sie sind, wir haben keine anderen." (Theresa von Avila) Dies gilt auch im Umgang mit ungeschickten Äußerungen, die verwaiste Eltern aus ihrem Umfeld zu hören bekommen.

Ähnlich dem Schachspiel haben wir Menschen für jede Situation eine Vielzahl von Möglichkeiten. Bei der Eröffnung eines Schachspiels sind es 20 mögliche Züge, aus denen sich der Spieler für einen Zug entscheiden muss. Dabei bedenkt ein guter Schachspieler die möglichen Reaktionen des Gegners und die beste eigene „Antwort" darauf. Ein sehr guter Schachspieler denkt über mehre mögliche Züge hinaus auch daran, ob ihn diese Züge seinem Ziel näher bringen. Er entscheidet sich für den Zug, der ihm am vorteilhaftesten erscheint.

Ähnlich ist es im Umgang mit dummen Sprüchen. Wir haben prinzipiell alle Freiheiten, auf dumme Sprüche zu antworten. Dabei gibt es hilfreiche Sätze, wie z.B. „Das tut mir aber weh, wenn ich das höre."

Folgende Beispiele stehen stellvertretend für Möglichkeiten, wie Mütter oder Väter, deren Kind während oder kurz nach der Geburt gestorben ist, auf ungeschickte Äußerungen reagieren können.

Sich zurückziehen

Unbedachte Sprüche können verletzen. Die Reaktion ist, dass sich die Getroffenen zurückziehen. Sie entwickeln mitunter das Gefühl, dass niemand sie versteht. Im schlimmsten Fall sind diese Menschen im Endstadium völlig vereinsamt.

Diesen Weg nehmen viele Menschen. Es ist die Leidensform im Umgang mit dummen Sprüchen. Sie ist die einfachste und kostet am wenigsten Kraft. Das Gehörte hat jedoch getroffen, hat verletzt. Es nagt am Herzen, in der Seele. Mitunter kann es einen Menschen regelrecht auffressen. Psychosomatische Störungen können dann die Folge sein.

Verbale Ungeschicklichkeiten nicht an sich heranlassen

Jeder Mensch besitzt natürliche Abwehrmechanismen gegenüber unbedachten Sprüchen. So denken sich die wenigsten Menschen etwas dabei, wenn ein Kindergartenkind oder ein stark geistig behinderter Mensch zu einem sagt: „Bist Du aber dumm." Wir wissen, dass dieser Ausspruch subjektiv ist und die Begrenztheit des Sprechers zum Ausdruck bringt. Sagt jedoch ein Erwachsener diesen Satz, den wir als Unseresgleichen, als Partner ansehen, so verletzt dieser Spruch sehr.

Um dumme Sprüche und ungeschickte Äußerungen nicht an sich heranzulassen, benötigt man irgendeine Abwehr, die allerdings nicht laut geäußert werden muss, sondern eher eine innere Haltung werden sollte:

- Es mag ja eine gute Absicht sein, aber mir hilft dies nicht.
- Der/Die hat ja keine Ahnung.
- Der/Die weiß es nicht besser, mit Trauernden umzugehen.
- Der/Die kann es nicht besser.

Rückmeldung geben

Sie haben das Recht, jedem Menschen zurückzumelden, wie es Ihnen mit den gehörten Worten geht. Machen Sie sich das bewusst. Die Rückmeldung sollte angemessen erfolgen. Dies bedeutet, dass Sie mit Ihren Worten nicht zu einem Gegenangriff übergehen. Urteile und Verurteilungen sind zu meiden. Sprechen Sie hingegen von sich. Sprechen Sie davon, welche Gefühle diese Worte bei Ihnen ausgelöst haben.

– „Ich fühle mich unverstanden." *oder* „Ich fühle mich schnell abgefertigt."
– „Ich fühle damit, dass meine Trauer nicht ernst genommen wird."
– „Ich habe den Eindruck, dass Sie eine solche Situation nicht kennen."
– „Ich habe den Eindruck, dass Ihnen das Thema unangenehm ist."
– „Ich habe den Eindruck, dass meine Trauer damit schnell weggewischt wird."
– „Ich nehme von Ihnen keine Anteilnahme wahr."
– „Ich finde es schade, dass Sie mein totes Kind nicht als Menschen akzeptieren."
– „Das hat mich jetzt sehr getroffen."
– „Das hat mir wehgetan."

Geht der Angesprochene auf Ihre Worte nicht ein, dann sollten Sie im eigenen Interesse schnell das Thema wechseln.

Geht der Angesprochene hingegen auf Ihre Worte ein, so kann der zweite Schritt folgen. Dann liegt es an Ihnen, dass Sie Ihre Wünsche und Hoffnungen, die Sie an dieses Gespräch hatten, zum Ausdruck bringen. Die folgenden Beispiele sollen Ihnen helfen, Ihre eigenen Formulierungen zu finden:

– „Ich hatte erwartet, dass …"
  oder „Ich hatte gehofft, dass …"

– „Ich hatte mir gewünscht, dass …"
   oder „Anteilnahme heißt für mich …"
– „Trösten heißt für mich . . ."
   oder „Ich wünsche mir von dir, dass …"
– „Ich hätte mich gefreut, wenn …"

Achten Sie darauf, dass Sie Ihre Wünsche immer positiv ausdrücken. Dann weiß Ihr Gegenüber, was Sie sich von ihm erwartet hätten. Wenn Sie es negativ ausdrücken, dann weiß Ihr Gegenüber nur, dass seine Äußerung falsch war. Was hingegen richtig wäre, das weiß er damit noch nicht. Hierzu einige Beispiele:

Negative Ausdrucksweise: „Anteilnahme heißt für mich nicht, Bibelzitate zu hören." – „Trösten heißt für mich nicht, die Trauer herunterzuspielen." – „Zuhören heißt für mich nicht, mich mit gutgemeinten Ratschlägen zu überhäufen."

Positive Ausdrucksweise: „Anteilnahme heißt für mich, sich aufrichtig für meine Erlebnisse zu interessieren." – „Trösten heißt für mich, meine Trauer gelten zu lassen und ggf. auch mitzuweinen." – „Zuhören heißt für mich, das Gesagte anzuhören, stehen zu lassen und sich zubemühen, es zu verstehen."

5.6 Zum Umgang mit dem errechneten Geburtstermin (ET)

Kaum dass die Schwangerschaft festgestellt ist, stellte sich die Frage nach dem errechneten Geburtstermin (ET). Durch die gesamte Zeit der Schwangerschaft hatten Sie beim Frauenarzt und in privaten Gesprächen dieses Datum immer wieder zu nennen. Dieses Datum setzte sich in Ihrem Bewusstsein fest. Sie lebten Monate auf dieses Datum hin.

Starb Ihr Kind während der Schwangerschaft, so steht nach dem Tod Ihres Kindes der ET noch als Termin aus. Eigentlich sollte es der Tag sein, an dem Sie glücklich Ihr Kind im Arm halten. Stattdessen hatten Sie die Bestattung Ihres Kindes durchzustehen.

Nun leben Sie auf einen Termin zu, der wie eine große Bedrohung vor Ihnen steht. Sie wissen nicht, wie Sie ihn erleben. Was können Sie tun, damit dieser Tag seine drückende Schwere verliert und Sie ihn vielleicht sogar gewinnbringend für sich erleben?

Um es gleich vorneweg zu sagen: Es gibt kein Patentrezept, wie Sie den Tag des ET möglichst gut hinter sich bringen. Es gibt keine Lösung, um aus ihm einen schönen Tag werden zu lassen. Es gibt höchstens den Hinweis, dass Sie darauf achten sollten, wonach Ihnen ist. Leben Sie Ihre Bedürfnisse und Wünsche. Achten Sie darauf, dass es Ihnen gerade an dem Tag der errechneten Geburt gut geht.

Die gemachten Erfahrungen anderer verwaister Eltern sollen Ihnen hierbei als Orientierungshilfe dienen und Ihnen ggf. Anregungen geben, was und wie Sie es machen könnten.

Grabbesuch
Viele verwaiste Eltern gehen am ET zum Grab ihres verstorbenen Kindes, einige bringen auch Geschenke mit. Sie können zwar ihr Kind nicht in ihren Armen halten, aber sie können ihm am Grab in besonderer Weise nahe sein. Diese Nähe kann durch nichts anderes überboten werden.

In Gedenken an das Kind eine Kerze anzünden
Viele verwaiste Eltern zündeten in Gedenken an ihr verstorbenes Kind am ET zu Hause eine Kerze an. Einige beten dabei für Ihr verstorbenes Kind.

Zeit nehmen zum Trauern und Reden

Viele verwaiste Eltern nehmen sich am ET bewusst Zeit zum Trauern und Reden. Sie betrachten gemeinsam die Erinnerungsstücke an ihr Kind, rufen alles wieder in Erinnerung und weinen. Aus ihrer Erfahrung empfehlen Sie anderen Betroffenen, den ET nicht zu übergehen, sondern bewusst zu leben: *„Sie sollten am ET sich der Vorfreude auf die Geburt erinnern."*

6 Die Bestattung

6.1 Zur Bedeutung der Bestattung für verwaiste Eltern

Für die meisten verwaisten Eltern ist die Bestattung ihres toten Kindes von großer Bedeutung. So hätten nach einer Umfrage 72% der verwaisten Mütter ihr in den ersten 12 SSW verstorbenes Kind gerne bestattet. Bei Müttern mit stillgeborenen Kindern liegt der Anteil bei über 90 %.

Allein diese Zahlen drücken die große Bedeutung des Grabes auch für die während der Schwangerschaft verstorbenen Kinder aus. Es sollen jedoch die verwaisten Mütter auch direkt zu Wort kommen:

„Es bedeutet für mich die Wahrung der Menschenwürde."
„Ein offizielles kirchliches Anerkennen, dass es dieses Kind gibt und ein Ort, an dem ich immer ganz nah bei meinem Kind sein kann."
„Das Grab bedeutet mir sehr viel. Ich hab einen Ort, zu dem ich jeden Tag hingehen und mich mit meiner Tochter unterhalten kann."
„Am Anfang fand ich es überflüssig. Jetzt bin ich froh, dass ich weiß wo sie ist und dass sie wie ein „normaler" Mensch, der gestorben ist, behandelt wurde. Ein würdevoller Abschied."
„Das Bewusstwerden seiner Existenz, eine Anerkennung seiner Würde auch in einem so frühen Stadium."
„Ich hätte sie gern würdevoll bestatten lassen, anstatt sie im Klinikmüll „entsorgen" zu lassen. Ich hätte einen Ort gehabt, an dem ich ihnen hätte nahe sein können und ich hätte gewusst, wo sie sind."
„Es war ein Abschluss und ein sichtbares Zeichen, dass die Kinder existiert haben. Für mich liegt der Sinn des Todes des zweiten Kindes darin, dass mit dem Grab nun auch ein Platz für das

erste Kind besteht (der Grabstein trägt beide Namen, wir haben
symbolisch für das erste Kind einen Teddy mit in den Sarg des
zweiten Kindes gegeben, der Seelsorger hat in der Beerdigungs-
zeremonie auch an unser erstes Kind erinnert)."

In diesen Zitaten kommt auch zum Ausdruck, dass die Bedeutung des Grabes mitunter erst später begriffen wird.
Daher ist es wichtig, die Chance der Bestattung auch dann
wahrzunehmen, wenn man den Sinn und die Bedeutung
noch nicht so recht erfassen kann.

6.2 Der Ort der Bestattung

Es ist heute eher die Ausnahme, wenn jemand sein ganzes Leben in der Gemeinde oder dem Stadtteil verbringt,
in dem er geboren wurde, seine Verwandten leben und die
verstorbenen Verwandten bestattet sind. Meist zwingen
Ausbildung und Beruf zu einem Ortswechsel.
    Wenn Sie dort wohnen, wo Ihr Verwandten wohnen
und die Verstorbenen Ihrer Familie bestattet sind, ist für
Sie klar, wo Ihr verstorbenes Kind bestattet wird.
    Wenn Sie jedoch nicht am Wohnort Ihrer Familie woh-
nen, dann stellt sich die Frage, wo Ihr Kind bestattet werden soll. Es gibt Gründe, die für den Heimatort sprechen.
Es gibt aber auch Gründe, die für den aktuellen Wohnort
sprechen:

Gründe für den Heimatort
– wenn eine große Verbundenheit zu Ihrem Heimatort
   besitzen und sowieso regelmäßig dorthin fahren;
– wenn Sie beabsichtigen, bald wieder in Ihren Heimatort
   zurück zu ziehen.

Gründe für den Wohnort

– Wenn Sie noch etwa 5 Jahre oder länger dort wohnen wollen, macht es Sinn, Ihr verstorbenes Kind am derzeitigen Wohnort zu bestatten:
– Sie können das Grab leichter und regelmäßiger besuchen.
– Wenn Sie nach Jahren von dort wegziehen, lassen Sie ihr Kind dort auf dem Friedhof zurück. Dies kann ein wertvoller Schritt der Trauerarbeit werden. Zur Pflege Ihrer sozialen Kontakte können Sie bei Besuchen Ihrer Freunde immer wieder zum Grab gehen.

Es gibt also durchaus Gründe, sich für den einen oder anderen Ort für die Bestattung Ihres stillgeborenen Kindes zu entscheiden.

6.3 Wenn die Bestattung nicht problemlos genehmigt wird

Manchmal geschieht es, dass der Wunsch nach der Bestattung des still geborenen Kindes unbedachte Äußerungen hervorruft:

a) Sie haben keinen Anspruch auf das Kind. Dies ist eine ein aus der Luft gegriffene Schutzbehauptung. Sie ist durch kein Gesetz und keine Vorschrift gestützt. Sie als Eltern(teil) sind und bleiben die Verfügungsberechtigten.

b) Die Herausgabe eines fehlgeborenen Kindes ist verboten. Es steht in keinem Bestattungsrecht ein Verbot, den Eltern das fehlgeborene Kind zur Bestattung auszuhändigen.

c) Leichen dürfen nur einem Bestatter übergeben werden. Diese Aussage stimmt. Eine Leiche ist jedoch ein Mensch, der als Lebendgeburt geboren wurde und danach starb oder

der tot geboren wurde und mindestens 500 Gramm wiegt. Stillgeborene Kinder mit weniger als 500 Gramm sind im juristischen Sinne keine Leichen.

d) Von einem Kind ist da nichts zu erkennen. Wenn das tote Kind in den ersten 12 SSW ausgeschabt wurde, kann dies sachlich richtig sein. Für Sie ist und bleibt es trotzdem Ihr Kind. Daher sollte man Ihnen aushändigen, was entfernt wurde.

e) Sie dürfen Ihr totes Kind nicht mit nach Hause nehmen. Diese Aussage ist falsch. In den meisten Bundesländern dürfen Leichen bis zu 36 Stunden zuhause aufgebahrt werden. Auf entsprechenden Antrag kann diese Frist auch verlängert werden. Was für Leichen gilt, sollte erst recht für fehlgeborene Kinder gelten.

f) Fehlgeborene Kinder dürfen nicht bestattet werden. Auch diese Aussage ist falsch. Es gibt in Deutschland kein Bestattungsrecht, das die Bestattung von fehlgeborenen Kindern ausschließt. Entgegnen Sie, dass Sie darüber andere Informationen haben und dass Ihnen dieses genannte Verbot vorgelegt werden solle.

Dieses Verbot kann nur in der Friedhofsordnung begründet sein. Diese lässt sich jedoch ändern, wenn man sich an die zuständige Stelle oder Person wendet. Vorübergehend lässt sich das mit einer Ausnahmeregelung klären. Langfristig könnten Sie sich mit dieser Tatsache an die Presse wenden, wenn die Friedhofsordnung nicht abgeändert wird.

g) Bei uns werden nur Leichen bestattet. Im juristischen Sinne ist ein fehlgeborenes Kind keine Leiche. Daher können Sie es in einigen Bundesländern mit dieser Ablehnung schwer haben. Ich schlage folgenden Weg vor:

1. Sie können darum bitten, bei der Bestattung anwesend sein zu dürfen.
2. Sie können Ihre Bitte dem Leiter des Friedhofs vortragen.
3. Sie können dem verantwortlichen Träger (Bürgermeister bei kommunalem, Pfarrer bei kirchlichem Friedhof) Ihre Bitte vortragen.
4. Sie können sich an die örtliche Presse wenden und das Verhalten Ihrer Friedhofsverwaltung öffentlich machen.

h) Wir haben dafür keinen Platz. In Bayern sind die Friedhofsverwaltungen per Bestattungsgesetz dazu verpflichtet, ausreichend Plätze für die Bestattung bereitzustellen. Wenn Sie in einem anderen Bundesland wohnen und kein bestehendes Grab auf diesem Friedhof besitzen, in dem Sie Ihr fehlgeborenes Kind bestatten möchten, besteht für Sie nur noch die Möglichkeit, nach den unter Punkt g) genannten Schritten zu verfahren.

i) Wir haben so etwas noch nie gemacht. Das mag sachlich richtig sein, aber das muss nicht bis in alle Ewigkeit so bleiben. Bieten Sie der Friedhofsverwaltung die Bestattung Ihres fehlgeborenen Kindes als Beginn einer neuen Ära für den Friedhof an. Es steht einer Friedhofsverwaltung besser an, wenn in der Presse erscheint, dass sie die Bestattung von fehlgeborenen Kindern gestattet, als wenn sie diese verweigert.

j) So etwas machen wir nicht. Wenn Sie mit Argumenten hier nicht weiterkommen, so bleiben Ihnen nur die unter Punkt g) genannten Schritte.

k) Sie dürfen bei der Bestattung nicht anwesend sein. Nach einer 2003 in Deutschland durchgeführten Umfrage unter

Friedhofsverwaltungen dürfen bei 17 % der Friedhöfe die Eltern bei der Bestattung ihres fehlgeborenen Kindes nicht anwesend sein. Wenn Sie auf solch einen Friedhof stoßen, dann haben Sie kaum Möglichkeiten, Ihrem Bedürfnis nachzukommen. Ich empfehle Ihnen daher, wie bei den unter Punkt g) genannten Schritten vorzugehen.

Du hast keine Chance – nutze sie
Sollten Sie kein Recht auf Bestattung Ihres Kindes gehabt haben und es daher nicht oder nur mit großen Problemen bestatten haben, so stellt sich die Frage, ob Sie sich bei Ihnen vor Ort für die Errichtung einer entsprechenden Grabstelle und der Möglichkeit einer Bestattung engagieren. Künftige verwaiste Eltern werden es Ihnen danken. Wie dies im Jahre 2001 in Karlsruhe organisiert wurde, ist in dem Buch „Ein Weg der Trauer. 20 Jahre Umgang mit fehlgeborenen Kindern in Karlsruhe" beschrieben.

6.4 Möglichkeiten der Vorbereitung

Sie haben die Möglichkeit, die Bestattung Ihres toten Kindes nach Ihren Wünschen und Bedürfnissen vorzubereiten. Sie sollten hiervon Gebrauch machen. Es kann Ihnen in Ihrem Trauerprozess hilfreich sein. Wählen Sie von den hier angebotenen Hinweisen die Ihnen passenden aus oder nehmen sie diese auch als Anregungen für eigene Ideen. Fragen Sie sich, was Ihnen wichtig ist, was Ihnen gut tun würde, was Sie gerne für Ihr Kind tun wollen.

Auswahl der Texte
Wählen Sie sich für die Trauerfeier und die Bestattung die Texte aus, die Ihnen hierzu passend erscheinen. Im Internet gibt es auf verschiedenen Seiten zahlreiche Texte, die andere verwaiste Eltern getröstet haben.

Eigene Texte

Sie haben auch die Möglichkeit, selbst Texte zu verfassen. Dies kann ein Gedicht an Ihr totes Kind sein, oder auch Ihre guten Wünsche für Ihr Kind, die Sie als Fürbitten formulieren.

Sie müssen diese Texte nicht selbst vorlesen. Dies können Freunde oder Verwandte tun. Auch der Seelsorger oder die Seelsorgerin übernimmt dies gerne für Sie. Wenn es Ihnen jedoch ein Bedürfnis ist, diese persönlichen Worte selbst vorzulesen, so lassen Sie sich davon nicht abhalten, auch wenn Sie beim Vorlesen in Tränen ausbrechen sollten. Die Anwesenden werden die Situation verstehen.

Die Gestaltung der Trauerfeier und der Bestattung mit den Zuständigen besprechen

Darüber, wie Sie sich die Trauerfeier und die Bestattung Ihres toten Kindes wünschen, sollten Sie auf jeden Fall einige Tage vor dem Termin mit den jeweils zuständigen Personen sprechen. Dies kann der Seelsorger oder die Seelsorgerin sein, aber auch der Bestatter, die Friedhofsverwaltung, die Musiker oder auch mehrere dieser Personen.

Wie Trauerfeier und Bestattung gestaltet werden können, lesen Sie in den beiden folgenden Kapiteln.

Den Sarg gestalten

Sie können den Sarg für Ihr totes Kind selbst anfertigen. Hierzu sind einige Bestimmungen zu beachten:

- Der Sarg muss aus verrottbarem Material sein. Meist wird hierfür Holz (keine Spanplatten) oder Pappe verwendet.
- Der Sarg darf keine gesundheitsschädlichen Chemikalien enthalten, was die Auswahl an Farben und Beizmitteln einschränken kann.
- Der Sarg muss groß genug sein, um Ihr Kind aufzunehmen, aber klein genug, um in das Grab zu passen.

Grabbeigaben

Schon die ältesten Gräber weisen Grabbeigaben auf. Sie können auch Ihrem Kind etwas mit in den Sarg geben. Dies kann ein kleines Geschenk an Ihr Kind sein, ein Bild, ein Brief …

Bei Sammelbestattungen, wie sie in einigen Orten Deutschlands inzwischen für fehlgeborene Kinder angeboten werden, ist eine Beigabe in den Sarg schlecht möglich. Sie können jedoch diese Gabe bei der Bestattung mit in das Grab legen.

Auswahl der Trauergäste

Sie haben die Möglichkeit, zur Trauerfeier und Bestattung Ihres toten Kindes die Personen einzuladen, die Ihnen wichtig sind.

6.5 Rituale für die Trauerfeier

Für die Gestaltung der Trauerfeier gilt wie für alle Rituale: Wenn ein Ritual nicht allgemein verstanden wird und/oder schwer erklärbar ist, sollte es nicht verwendet werden.

Die nachfolgend vorgestellten Rituale sind zum Teil allgemein christliche Rituale, aber auch selbst entwickelte. Allein dies zeigt, dass der Kreativität und Phantasie hier keine Grenzen gesetzt sind. Unter Berücksichtigung des oben genannten Grundsatzes können Sie auch eigene Rituale entwickeln.

Segnung

Wie schon in der Klinik, so kann Ihr Kind bei einer Trauerfeier nochmals eine Segnung erfahren. In der katholischen Kirche erfolgt dies durch das Beten eines Segensgebetes und anschließendem Besprengen mit dem Weihwasser. Die evangelische Kirche kennt hierfür nur das Segensgebet.

Mit dem Segen wird Ihrem toten Kind von Gott her Gutes zugesprochen. Dies beinhaltet in dieser Situation zumeist, dass Gott Ihr Kind aufnehmen und behüten möge, bis Sie es nach Ihrem Tod für immer sehen können.

Seifenblasen

Besonders für Kinder sind Seifenblasen sehr ansprechend. Für erwachsene Trauergäste können Seifenblasen ein gutes Hilfsmittel sein, um Ihre Situation aufzuzeigen: Sie haben voller freudiger Erwartung auf die Geburt Ihres Kindes hingelebt. Sie haben sich die Zukunft in den schillerndsten Farben vorgestellt, und dann – aus der Traum, zerplatzt wie eine Seifenblase. Dies kann der Seelsorger bzw. die Seelsorgerin in die Ansprache aufnehmen.

Rose

Eine Rose drückt in hervorragender Weise den Dualismus zwischen Schönheit und Schmerz aus. Die Blüte kann Ihre Freude auf Ihr Kind zum Ausdruck bringen, die Stacheln hingegen den Schmerz und die Trauer, die Sie nun erleben. Dies kann in der Ansprache anhand einer Rose aufgezeigt werden.

Es besteht auch die Möglichkeit, allen Trauergästen zu Beginn der Ansprache oder zu Beginn der Trauerfeier eine Rose auszuteilen. Die Anwesenden können mit der Rose in ihren Händen den Worten des Predigers nachzuspüren. Sie riechen den Duft der Blüte und fühlen den Schmerz der Stacheln. Sie sollten allerdings wissen, wie viele Trauergäste in etwa anwesend sein werden, damit auch wirklich jeder von ihnen eine Rose erhält.

Insbesondere wenn die Bestattung unmittelbar auf die Trauerfeier folgt, ist es sinnvoll, allen Trauergästen eine Rose austeilen zu lassen. Somit besteht die Möglichkeit, dass das Thema „Rose" sich wie ein roter Faden von der Trauerfeier bis zum Begräbnis zieht.

Kerze / Teelicht

Licht ist ein mächtiges Symbol. Wärme ist eine andere Erscheinungsform von Licht. Während wir Licht mit den Augen wahrnehmen, spüren wir Wärme mit der ganzen Hautoberfläche. Ohne Licht und Wärme gäbe es kein Leben auf der Erde. Die Bibel nennt Jesus das „Licht der Welt". Ein Grund für diesen Titel ist die Auferstehung Jesu und damit auch ein Hinweis auf unsere Auferstehung.

Im Kreis um den Sarg stehen

In unseren Trauerfeiern für die Gemeinschaftsbestattung bilden wir zum Abschluss mit allen Anwesenden einen großen Kreis um den Sarg mit den fehlgeborenen Kindern. Wir nehmen damit ganz bewusst die toten Kinder in unsere Mitte. Als Zeichen unserer Verbundenheit reichen wir einander die Hände und beten gemeinsam das Vaterunser-Gebet. Dieses In-die-Mitte-nehmen des toten Kindes kann Verschiedenes ausdrücken: Ihr totes Kind ist noch ein letztes Mal unter uns Lebenden; wir nehmen es bewusst ein letztes Mal in unsere Mitte auf, um es dann für immer zu verabschieden.

Die Feier nicht mit Ritualen überhäufen

Eine Gefahr bei der Benutzung der Rituale besteht: Wenn zu viele der Rituale in einer Trauerfeier oder Bestattung verwendet werden, so wirkt das einzelne nicht mehr so stark. Es geht in der Überfülle verloren. Es sollte daher der Einsatz mehrerer Rituale wohl überlegt werden. Mitunter können Rituale auch miteinander kombiniert werden.

6.6 Rituale für die Bestattung

Wie bei der Trauerfeier, so haben Sie auch bei der Bestattung Ihres toten Kindes die Möglichkeit der Mitgestaltung.

Luftballone steigen lassen

Bei der Bestattung Ihres toten Kindes Luftballons steigen lassen, erfordert einige Vorbereitung. Es kann jedoch inhaltlich gestaltet werden. So können zum Beispiel von den Anwesenden die Wünsche für Ihr verstorbenes Kind auf kleine Kärtchen geschrieben werden, die dann an die Luftballons gebunden oder geklebt werden. Das Aufsteigen der Luftballons bringt zum Ausdruck, dass diese guten Wünsche zu Gott gebracht werden. Bei Regenwetter steigen die Luftballons allerdings schlecht, da sie durch die an ihnen haftenden Regentropfen schwer werden.

Samenkörner ins Grab streuen

Samenkörner gleichen kleinen Steinen. Nichts deutet darauf hin, dass Leben in ihnen steckt. Unsere Erfahrung ist, dass ein Samenkorn treibt, wenn es in die Erde gelegt und gegossen wird.

So können diese Samenkörner ein Zeichen dafür sein, dass der tote Körper Ihres Kindes zwar hier in die Erde gelegt wird, dass es jedoch bei Gott weiterlebt. Dort werden Sie einst mit Ihrem Kind untrennbar vereint werden.

Wenngleich dies kein christlicher Ritus ist, so ist das Bild vom Weizenkorn, das in die Erde fällt, in der Bibel enthalten (Joh 12, 24).

Blütenblätter ins Grab streuen

Blütenblätter ins Grab zu streuen, kann allein aufgrund der Zartheit und Farbenkraft der Blütenblätter das Gemüt der Trauernden heben.

Die Blütenblätter sollen das verstorbene Kind sanft zudecken. Gleichsam auf Blütenblättern gebettet übergeben die Trauernden das tote Kind Gott. Möge er auch so zart und behutsam mit ihm umgehen und ihm alle Liebe schenken, die die Eltern ihrem Kind gerne selbst gegeben hätten.

Das Grab selbst zuschaufeln
Dieser letzte Liebesdienst für Ihr totes Kind muss zuvor mit der Friedhofsverwaltung besprochen werden, damit Schaufeln bereitgestellt werden.

Besonders für den verwaisten Vater kann das Zuschaufeln des offenen Grabes eine große Hilfe im Trauerprozess werden. Durch die körperliche Arbeit kann er verschiedene Anspannungen und Gefühle (Wut, Trauer ...) regelrecht abarbeiten.

6.7 Abschiedsriten

Wenn ein Kind in den ersten 12 SSW verstarb, gibt es häufig keine Bestattung des Kindes. Manche Frauen haben in den ersten Tagen und Wochen nach dem Tod ihres Kindes auch kein Interesse an einer Bestattung. Wenn dann später der Wunsch nach einem Abschiedsritus auftaucht, kann er nachgeholt werden:
- Teilnahme an Trauerfeier und/oder Bestattung eines anderen toten Kindes
- Brief an das Kind per Flaschenpost oder kleines Schiffchen versenden
- Brief an das Kind durch Verbrennen an das Kind versenden
- Baum oder Strauch in Gedenken an Ihr totes Kind pflanzen
- Teilnahme an einem Trost-Gottesdienst.

7 Ihre Rechte

7.1 Ihr Recht auf Trauer und auf Leben

Grundsätzlich gilt, dass Sie das Recht haben, zu trauern. Auch wenn dieses Recht in keinem Gesetz verankert ist, so kann Ihnen niemand dieses Recht absprechen. Es gilt für Sie in jedem Fall:

Egal wie früh Ihr Kind gestorben ist,
    Sie haben ein Recht auf Ihre Trauer!
Gleichgültig, aus welchem Grund Ihr Kind gestorben ist,
    Sie haben Recht auf Ihre Trauer!
Unerheblich, ob Sie Ihr Kind kennenlernen konnten,
    Sie haben ein Recht auf Ihre Trauer!
Belanglos, wie alt Ihr Kind geworden ist,
    Sie haben ein Recht auf Ihre Trauer!
Einerlei, wie viel Jahre der Tod schon zurückliegt,
    Sie haben ein Recht auf Ihre Trauer!
Ungeachtet dessen, was die Menschen um Sie herum denken,
    Sie haben ein Recht auf Ihre Trauer!
Dieses Recht kann Ihnen niemand absprechen, kein Mensch und keine Macht der Welt.

Umgekehrt gilt für Sie auch in jedem Fall auch Ihr Recht auf Leben

Egal wie tragisch der Tod Ihres Kindes war,
    Sie haben ein Recht auf Leben!
Gleichgültig, was die Menschen um Sie herum sagen,
    Sie haben ein Recht auf Leben!
Unerheblich, wie wenig Zeit seit dem Tod Ihres Kindes vergangen ist,
    Sie haben ein Recht auf Leben!

Belanglos, woran Ihr Kind gestorben ist,
   Sie haben ein Recht auf Leben!
Ungeachtet dessen, was die Menschen um Sie herum denken,
   Sie haben Recht auf Leben!
Dieses Recht kann Ihnen niemand absprechen, kein Mensch
und keine Macht der Welt.

Gut gelebte Trauerarbeit ist ständige Abwechslung zwischen trauern und leben.

7.2 Namensrecht

Wiegt das tot geborene Kind mindestens 500 Gramm, so erhalten die Eltern eine Geburts- und eine Sterbeurkunde. Damit wird das Kind namentlich in das Stammbuch eingetragen. Sind die Eltern verheiratet, erhält das Kind den Namen der Eltern.

Sind die Eltern nicht standesamtlich verheiratet, erhält das Kind den Namen der Mutter. Soll das Kind jedoch den Namen des Vaters erhalten, so kann dies in *Österreich* innerhalb von 14 Tagen nach der Geburt beim Standesamt beantragt werden. In *Deutschland* muss hierzu dem Standesamt zum Zeitpunkt der Geburt schriftlich eine Anerkennung der Vaterschaft vorliegen. Im Falle einer Totgeburt ist dies in der Regel nicht machbar. Um es dennoch zu erreichen, müssen folgende Punkte erfüllt sein:
– Die Eltern müssen von dieser Möglichkeit wissen.
– Die Eltern müssen die Meldung der Geburt des toten Kindes so lange zurückhalten – mit der Klinik besprechen (!) –, bis beim Standesamt die Anerkennung der Vaterschaft vorliegt

Liegt jedoch dem Standesamt die Meldung der Geburt erst einmal vor, ist nichts mehr zu machen.

7.3 Geburts- und Sterbeurkunden

Um das Bestattungswesen im Zusammenhang mit tot geborenen Kindern zu verstehen, muss beim Personenstandsgesetz (Bundesrecht) begonnen und beim Bestattungsrecht (Länderrecht) weitergemacht werden. Ich beschränke mich dabei auf die Punkte, die für den Umgang mit tot geborenen Kindern wichtig sind.

Personenstandsgesetz und Bestattungsrecht

Das Personenstandsgesetz ist ein Bundesgesetz und gilt daher in allen Bundesländern einheitlich. Es definiert, wer Person ist und welche Rechte und Pflichten eine Person hat.

Das Bestattungsrecht liegt in der Hand der Länder. Damit besitzt Deutschland 16 verschiedene Regelungen, wie mit tot geborenen Kindern zu verfahren ist. Entscheidend ist daher immer, in welchem Bundesland man wohnt bzw. das Kind tot geboren wurde.

Person ist, wer lebend geboren wurde oder wer mit mindestens 500 Gramm tot geboren wurde. Die Geburt und der Tod jeder Person wird auf dem Standesamt beurkundet. Damit bekommen die Eltern eine Geburts- und eine Sterbeurkunde für ihr tot geborenes Kind, wenn es mindestens 500 Gramm wiegt. Dies gilt in allen Bundesländern, in Deutschland, Österreich und der Schweiz.

In Deutschland hat die Mutter damit auch vollen Anspruch auf Mutterschutz.

Eine verstorbene Person muss von den Angehörigen auf deren Kosten bestattet werden. Auch dies ist einheitlich in Deutschland, Österreich und der Schweiz.

Stirbt das Kind durch einen SSA, so gilt es nicht als Person, auch wenn es über 500 Gramm wiegt und/oder nach der eingeleiteten Geburt noch kurz gelebt hat. Deshalb bekommen Eltern für ein abgetriebenes Kind keine Geburts- und keine Sterbeurkunde.

Eine Petition hat aber inzwischen erreicht, dass ab 2012 auch tot geborene Kinder mit weniger als 500 Gramm Gewicht standesamtlich beurkundet werden können.

7.4 Rechtliche Fragen rund um die Bestattung

Das Kind zuhause aufbahren
Einige Eltern haben den Wunsch, ihr tot geborenes Kind für einen Tag zuhause aufzubahren. Diese Möglichkeit kennt das Bestattungsrecht einiger Bundesländer. Fragen Sie diesbezüglich das Klinikpersonal. (siehe: www.kindergrab.de).

Transport des Kindes
Für den Transport eines stillgeborenen Kindes mit mindestens 500 Gramm ist ein Bestatter notwendig.

Ein stillgeborenes Kind mit weniger als 500 Gramm dürfen Sie auch selbst transportieren, nicht jedoch in Thüringen (Auskunft vom 20.10.2010). Diese Regelung ist unverständlich.

Das Recht auf Bestattung des toten Kindes
In Deutschland, Österreich und der Schweiz haben Sie in jedem Fall das Recht auf bzw. die Pflicht zur Bestattung Ihres toten Kindes,
– wenn Ihr Kind nach der Geburt verstarb (Lebendgeburt),
– wenn Ihr Kind tot geboren wurde und mindestens 500 Gramm wiegt (Totgeburt).

Unterschiedliches Recht bei Kindern mit weniger als 500 Gramm
Wiegt Ihr tot geborenes Kind weniger als 500 Gramm, so ist entscheidend, in welchem Bundesland bzw. Kanton

Ihr Kind tot geboren wurde bzw. in welchem Bundesland bzw. Kanton Sie leben. Die Unterschiede reichen von einer Bestattungspflicht bis zum Verbot der Bestattung für fehlgeborene Kinder. Bei einer Bestattungspflicht hat die Klinik diese sicherzustellen, wenn die Eltern von ihrem Recht auf Bestattung nicht Gebrauch gemacht haben.

Da sich das Bestattungsrecht der Länder immer wieder einmal ändert, fragen Sie beim Klinikpersonal nach bzw. sehen Sie unter www.kindergrab.de nach, wie es in Ihrem Bundesland bzw. Kantonen geregelt ist.

Unterschiedliches Recht bei abgetriebenem Kind
Wie schon bei fehlgeborenen Kindern so ist auch das Bestattungsrecht der Länder bzw. Kantone zur Frage um die Bestattung von abgetriebenen Kindern sehr unterschiedlich. Auch hier reicht die Bandbreite von einer Bestattungspflicht (für Kliniken, wenn die Eltern das Kind nicht selbst bestatten) bis zum Bestattungsverbot.

Auch hier gilt: Da sich das Bestattungsrecht der Länder immer wieder einmal ändert, fragen Sie beim Klinikpersonal nach bzw. sehen Sie unter www.kindergrab.de nach, wie es in Ihrem Bundesland bzw. Kanton geregelt ist.

Das Recht auf kirchliche Bestattung
Sie haben nach gemeinsamer Auffassung der evangelischen und katholischen Kirche das Recht auf kirchliche Bestattung Ihres Kindes,
– auch wenn es ungetauft ist,
– auch wenn es weniger als 500 Gramm wiegt,
– auch wenn es innerhalb der ersten 12 SSW verstarb.
Ich vertrete die Auffassung, dass Ihr Kind auch ein Recht auf kirchliche Bestattung hat, wenn es infolge eines SSA ums Leben kam, denn Ihr Kind kann nichts dafür, dass Sie sich für den SSA entschieden haben. (Siehe: Trauerfeiern beim Tod von Kindern, Regensburg 2010.)

Belegfristen (Liegezeiten, Ruhezeiten)
Die Belegfristen bestimmt jeder Träger eines Friedhofs in seiner Friedhofsordnung. Meist sind für tote Kinder Belegfristen zwischen 5 und 10 Jahren festgesetzt. Meist können diese Belegfristen um weitere 5 bis 10 Jahre verlängert werden. Diese Haltung ist nicht nachvollziehbar und entspricht in keiner Weise dem Bedürfnis der verwaisten Eltern. Wenn Sie von einer solchen Bestimmung betroffen sind und Sie es geändert haben wollen, müssen Sie sich selbst vor Ort dafür einsetzen. Es gibt jedoch auch Friedhöfe, die keine Differenzierung der Belegfristen haben. Sie setzen für Kinder 20 bis 30 Jahre fest, ebenso wie für Erwachsene.

7.5 Ihr Recht nach einem Schwangerschafts-abbruch

Bestattung
In einigen Bundesländern haben Sie das Recht auf Bestattung ihres abgetriebenen Kindes.

Begleitung und Nachsorge durch eine Hebamme
Seit 1. August 2007 haben Frauen bei einem SSA nach medizinischer Indikation (d.h. nach der 13. SSW) Anspruch auf kostenlose Begleitung bei der Geburt und anschließener Nachsorge durch eine Hebamme.

7.6 Mutterschutz

Mutterschutz bei Fehlgeburt und SSA
Das Mutterschutzgesetz (MuSchG) nimmt eine deutliche und einfache Abgrenzung nach unten vor: Die Geburt eines stillgeborenen Kindes mit einem Gewicht von weniger als 500 Gramm (Fehlgeburt) ist im Sinne des MuSchG keine

Entbindung. Damit löst sie keine mutterschutzrechtlichen Folgen aus. Vom MuSchG wird das Ereignis einer Fehlgeburt als Krankheit angesehen. Daher auch der Satz: „Ist eine Fehlgeburt mit seelischen und körperlichen Belastungen verbunden und ist die Frau arbeitsunfähig krankgeschrieben, so gelten statt der Grundsätze des MuSchG die Regelungen über die Lohnfortzahlung im Krankheitsfall." Ebenso verhält es sich bei einem SSA.

Mutterschutz bei Tot- und Mehrlingsgeburten

Wiegt das stillgeborene Kind mindestens 500 Gramm, so gilt es im Sinne des MuSchG als Entbindung. Es gilt damit: „Die Frau hat nach einer Totgeburt die normalen Schutzfristen nach der Entbindung."

Dargestellt werden die Rechte auf Mutterschutz in folgender Tabelle:

		Tot-* oder Lebendgeburt mit bis zu 2.500 g oder Geburt vor vollendeter 37. SSW	Tot-* oder Lebendgeburt mit mind. 2.500 g	Mehrlingsgeburten
A	Mutterschutz nach der Geburt	12 Wochen	8 Wochen	12 Wochen
B	Verlängerung um nicht genommene Tage vor der Entbindung?	max. 6 Wochen	max. 6 Wochen	max. 6 Wochen
C	Bezugsdauer für das Mutterschaftsgeld	Summe von A und B	Summe von A und B	Summe von A und B

*Totgeburt im Sinne der Definition, dass das Kind mind. 500 g wiegt.

Vor dem geplanten Entbindungstermin besitzt die Schwangere 6 Wochen Mutterschutz.

Nach der Entbindung einer Tot- oder Lebendgeburt besitzt die Mutter 8 Wochen Mutterschutz. Wiegt das lebende oder tote Kind zwischen 500 und 2.500 Gramm, erhöht sich dieser Anspruch auf 12 Wochen.

Die Tage des 6-wöchigen Mutterschutzes, die Sie als Schwangere wegen vorzeitiger Geburt nicht nehmen konnten, stehen Ihnen nach der Entbindung zu. Damit besitzen Sie immer Anspruch auf insgesamt 14 bzw 18 Wochen Mutterschutz.

Sie haben das Recht, ab der 3. Woche nach der Geburt auch innerhalb des Mutterschutzes wieder arbeiten zu gehen. Es entfallen dann die Zahlungen nach dem MuSchG. Bis Ende des Mutterschutzes können Sie ohne Angabe von Gründen diese vorzeitige Arbeit wieder beenden. Sie erhalten dann bis Ende des Mutterschutzes die Zahlungen nach dem MuSchG weiter.

Sollten Sie vor Ende des Mutterschutzes vermindert wieder arbeiten, so bekommen Sie die Zahlungen nach dem MuSchG anteilig.

Der Antrag auf Mutterschaftsgeld muss bei der Krankenkasse gestellt werden.

Frauen, die bei Beginn der Schutzfrist in einem Arbeitsverhältnis standen oder in Heimarbeit beschäftigt waren, ohne dass sie in einer gesetzlichen Krankenversicherung versichert waren, erhalten aus Bundesmitteln Mutterschaftsgeld, höchstens jedoch 210 Euro.

7.7 Ihre Rechte in Österreich und der Schweiz

Besonders im Bereich des Bestattungsrechtes sind Österreich und die Schweiz im Vergleich zu Deutschland Entwicklungsländer. Dort kann sich im Umgang mit fehlgeborenen und abgetriebenen Kindern noch vieles entwickeln, was in Deutschland zwar noch nicht perfekt ist, aber bei einigen Bundesländern sehr weit vorangebracht ist.

In Österreich und der Schweiz gibt es unabhängig vom Bestattungsrecht in einigen Städten und Gemeinden Gräber für fehlgeborene Kinder. Daher: Erkundigen Sie sich, wie es bei Ihnen geregelt ist.

Ihre Rechte in Österreich

In den meisten österreichischen Bundesländern haben Sie ein Recht, Ihr fehlgeborenes Kind zu bestatten, in einigen Bundesländern auch, wenn es in den ersten 12 SSW gestorben ist.

In einigen Bundesländern müssen fehlgeborene Kinder von der Klinik bestattet werden, wenn die Eltern ihr Recht nicht wahrnehmen.

Nähere und aktuelle Angaben hierzu finden Sie unter: http://ris.bka.gv.at sowie http://www.ris2.bka.gv.at/UI/Info.aspx. Eine Übersicht hierzu finden Sie unter: www.kindergrab.de.

Unverheiratete Eltern haben 14 Tage nach der Geburt die Möglichkeit, dem Kind den Namen des Vaters zu geben.

Ihre Rechte in der Schweiz

In kaum einem Kanton haben Sie ein Recht, Ihr fehlgeborenes Kind zu bestatten. Eine Übersicht hierzu finden Sie unter: www.kindergrab.de.

7.8 Probleme und Lösungen bei Stillgeburt

Die fehlende Möglichkeit, ein fehlgeborenes oder abgetriebenes Kind beurkunden zu lassen, das fehlende Recht der Eltern, ihr fehlgeborenes oder abgetriebenes Kind bestatten zu dürfen, sind nicht die einzigen Mängel an den geltenden Gesetzen:

In einigen Bundesländern ist es gesetzlich ausdrücklich erlaubt, dass fehlgeborene und abgetriebene Kinder für medizinische, wissenschaftliche, pharmazeutische und/ oder sonstige Zwecke verwendet werden. Dies darf völlig legal ohne Wissen und ohne Zustimmung der Eltern geschehen. (Siehe: www.kindergrab.de)

Die in den ersten 12 SSW verstorbenen Kinder werden gesetzlich nur in wenigen Bundesländern berücksichtigt, da den Ärzten nach der Ausschabung oft kein Kind vorliegt. Ab der 6. SSW konnte man jedoch deren Herz per Ultraschallgerät schlagen sehen. Warum soll mit dem der Mutter entnommenen Gewebe nicht wie mit einem vollständigen Kind umgegangen werden?

Viele Bundesländer bzw. Kantone nennen in ihren Bestattungsgesetzen weder fehlgeborene noch abgetriebener Kinder. Damit stehen die Eltern mit ihren Wünschen und Bedürfnissen im rechtsfreien Raum und sind damit schutzlos der Willkür der Klinik bzw. Ärzte ausgeliefert.

Folgende Desiderate harren noch einer angemessenen Lösung:

Der Eintrag des Kindes in das Stammbuch soll erfolgen:

– bei Lebendgeburt,
– bei Totgeburt,
– bei Mehrlingsgeburt alle Kinder, wenn ein Kind lebend geboren wurde;
– bei Mehrlingsgeburt alle Kinder, wenn die Summe des Gewichts aller totgeborenen Kinder über 500 Gramm liegt.

Eltern sollen das Recht haben, auf Wunsch ihr fehlgeborenes Kind ins Stammbuch eintragen zu lassen. Hierzu sollte die Bestätigung eines Arztes oder Hebamme genügen, die bescheinigt, dass eine Schwangerschaft vorgelegen hat.

Unverheiratete Eltern sollen mindestens 14 Tage nach der Stillgeburt für die Anerkennung der Vaterschaft Zeit haben.

Es soll eine allgemeine Bestattungspflicht für alle Formen der Schwangerschaften geben, auch der Eierstock-, Bauchhöhlen- und Eileiterschwangerschaften sowie für alle in den ersten 12 SSW verstorbenen oder alle abgetriebenen Kinder.

Soll ein fehlgeborenes oder abgetriebenes Kind nicht bestattet werden, so sollen hierfür nur folgende Möglichkeiten zugelassen werden:
– medizinische Zwecke
– wissenschaftliche Zwecke
Jeder andere Umgang mit fehlgeborenen oder abgetriebenen Kindern ist unter Strafe zu stellen.

Für die medizinische oder wissenschaftliche Verwendung des fehlgeborenen oder abgetriebenen Kindes soll die schriftliche Zustimmung der Mutter erforderlich sein.

Die Eltern sollen vom Klinikpersonal auf ihr Recht zur Bestattung ihres toten Kindes hingewiesen werden.

Die Eltern sollen das Recht haben, bei der Bestattung ihres Kindes anwesend zu sein.

Jede Frau, die ein Kind tot geboren hat, soll Anrecht auf Mutterschutz besitzen.

Bis auf den letzten Punkt würden alle anderen Punkte keine Mehrkosten bedeuten. Diese sollten jedoch als Beitrag am Leid der verwaisten Eltern zu tragen sein.

7.9 Ihr Recht mit Gott zu hadern

Viele Menschen wurden mit der Haltung erzogen, dass sie nicht mit Gott hadern dürften. Dies sei verboten. Uns Menschen stünde nur an, das uns auferlegte Schicksal in aller Demut (und Dankbarkeit) anzunehmen. Gott wisse schon, was das Beste für uns sei.

Menschen dieser Glaubensauffassung sind dann auch schnell dabei, entsprechende Gründe anzugeben, warum Gott ein Kind sterben ließ: Das Kind wäre schwer krank gewesen. Das Kind hätte den Eltern nur Schwierigkeiten bereitet. Das Kind wäre zu einem Verbrecher geworden. … Ein Blick in die Bibel lehrt uns aber, dass es nicht Gottes Wille ist, dass ein Kind stirbt:

In deinem Land wird es keine Frau geben, die eine Fehlgeburt hat oder kinderlos bleibt. Ich lasse dich die volle Zahl deiner Lebenstage erreichen. (Ex 23,26)
So spricht der Herr: Ich mache dieses Wasser gesund. Es wird keinen Tod und keine Fehlgeburt mehr verursachen. (2 Kön 2,21)
Dort gibt es keinen Säugling mehr, der nur wenige Tage lebt, und keinen Greis, der nicht das volle Alter erreicht; wer als Hundertjähriger stirbt, gilt noch als jung, und wer nicht hundert Jahre alt wird, gilt als verflucht. (Jes 65,20)

Auch lehrt uns die Bibel, dass wir sehr wohl mit Gott hadern dürfen. Besonders das Alte Testament zeigt an zahlreichen Stellen, wie Menschen in jener Zeit mit Gott haderten.
– Das Buch der Klagelieder ist voll von Klagen gegen Gott.
– Die Klagepsalmen klagen Gott an.
– Ijob wollte einen Rechtsstreit gegen Gott führen.
– Jesu letzte Worte am Kreuz waren der Beginn des Psalms 22: „Mein Gott, mein Gott, warum hast du mich verlassen?"
Im Christentum wird immer wieder die Nachfolge Jesu betont. Häufig werden dabei die letzten Worte Jesu ausgeklammert. Dabei stellen auch sie eine Form der Nachfolge Jesu dar, die gelebt werden darf.

Verwaiste Eltern, deren Kind während der Schwangerschaft oder während der Geburt starb, haben ein Recht, mit Gott zu hadern, gegen ihn zu klagen, ihn zur Rede zu stellen. Sie haben das Recht, ihm ihre Warum-Fragen vorzutragen. Niemand kann ihnen dieses Recht der Klage gegen Gott nehmen. Dieses Recht steht Ihnen genauso zu, wie das Recht zu trauern.

Es ist bedauerlich, dass Klage nicht regelmäßiger Bestandteil der Liturgie ist. Dadurch würde den Gläubigen der Umgang mit der Klage erleichtert werden. Sie würden die Klage als fünfte Gebetsform neben Loben, Preisen, Bitten und Danken kennenlernen und bei Bedarf auch selbst praktizieren.

8 Ihr Leben gestalten

8.1 Selbsthilfegruppen (SHG)

SHG sind eine sehr wichtige Anlaufstation, wenn das eigene Kind gestorben ist. Dort erhalten verwaiste Eltern vielfältige Unterstützung (siehe: www.stillgeburt.de):

Um zu erfahren, wo in Ihrer Nähe eine SHG existiert, wenden Sie sich bitte an eine der beiden Dachorganisationen: Sollte Ihr Kind vor, während oder kurz nach der Geburt verstorben sein, dann sind Sie richtig bei „Initiative-Regenbogen e. V." Sollte Ihr Kind nach der Geburt verstorben sein, dann sind Sie richtig bei: „Verwaiste Eltern e. V."

Sollte es in Ihrer Nähe keine örtliche SHG geben, so steht Ihnen offen, selbst eine zu gründen. Wenden Sie sich dafür ggf. an eine dieser Dachorganisationen oder an NAKOS (Adresse im Anhang).

8.2 Gravierende Erlebnisse vergessen?

Der Tod eines Kindes ist ein gravierendes Erlebnis. Das Wort *gravierend* stammt aus dem Lateinischen und bedeutet *ins Gewicht fallend, schwerwiegend*. Die Gravitation (Schwerkraft, Anziehungskraft) leitet sich auch davon ab. In der deutschen Sprache sagen wir daher auch „belastend".

Trauer um ein Kind ist sehr belastend. Daran tragen die Eltern schwer. Der Tod des Kindes ist für sie zur Belastung geworden. Er belastet ihr Leben.

Wenn hartes Metall weicheres Metall schwer belastet, gibt das weichere Metall nach, verformt sich. Wenn das harte Metall wieder weggenommen wird, bleibt eine Gravierung zurück.

Der Tod eines Kindes graviert die betroffenen Menschen. Der Tod des Kindes schneidet sich tief in ihre Seele und die Erinnerung ein. Es ist das einschneidendste Erlebnis ihres ganzen Lebens. Kaum ein anderes Erlebnis hinterlässt solch tiefe Spuren.

„Vergiss es!", „Denk nicht mehr daran!" oder ähnliche Sätze sind daher ganz wirkungslos. Da der Tod eines Kindes ein gravierendes Erlebnis ist, ist es unvergesslich. Die Bemühung, den Tod des Kindes zu vergessen, kommt dem Versuch gleich, mit einem Poliertuch die Prägung einer Münze wegwischen zu wollen.

Um nicht immer den Schmerz zu verspüren, versuchen einige Menschen, dieses Erlebnis zu vergessen. Sie bemühen sich mit ganz unterschiedlichen Mitteln darum. Die einen versuchen es mit Alkohol oder anderen Suchtmitteln. Andere versuchen es zu verdrängen, vor allem durch Arbeit. Dritte probieren es durch Verdrängung oder sonst einen Weg. Keiner von ihnen erreicht sein angestrebtes Ziel.

Keinem dieser Menschen ist klar, was für ein unerreichbares Ziel sie damit ansteuern. Eine Prägung kann man nicht wegwischen.

Die einzige sinnvolle Möglichkeit, mit dem Tod eines Kindes umzugehen ist, ihn in sein Leben zu integrieren, ihm einen Platz zuweisen, es zu akzeptieren, dass er zum eigenen Leben gehört. Dabei kann man ihm sogar eine Bedeutung geben, einen Sinn. Dies ist jedoch meist erst nach Jahren möglich.

Ein Gedanke zum Schluss: Auch eine Münze ist geprägt. Erst durch diese Prägung bekommt sie ihren Wert. Für mich sind verwaiste Eltern wertvolle Menschen, denn sie sind vom Schicksal geprägt und verstehen etwas vom Leid anderer Trauernder.

8.3 Leben in dieser Gesellschaft

Das Leben als verwaiste Eltern in unserer Gesellschaft ist nicht immer einfach. Über stillgeborenen Kinder liegt mehr Stillschweigen als über sonst einem Thema.

In genau dieser Gesellschaft müssen verwaiste Eltern aber leben. Sie können diese Gesellschaft nur so nehmen, wie sie ist und versuchen, so gut als möglich in und mit ihr zu leben.

Das Leben dieser Gesellschaft geht weiter. Eltern können Monate und Jahre in tiefer Trauer verharren, aber das Leben wird nicht mit ihnen anhalten. Wie ein unaufhaltsamer Zug fährt das Leben fort.

Das Leben in unserer Gesellschaft wirft für verwaiste Eltern eine Reihe von Fragen auf, die sie sich sonst nicht stellen würden. Auf einige dieser Fragen sei hier hingewiesen:

Anzahl der Kinder

„Wie viele Kinder haben Sie?" Dieser Frage werden Sie immer wieder begegnen. Sie haben grundsätzlich zwei Möglichkeiten, damit umzugehen. Sie können Ihr totes Kind in die Zählung einbeziehen oder außen vor lassen. Jede der beiden Möglichkeiten hat ihre Vor- und Nachteile. Um Ihnen die Wahl Ihrer Entscheidung zu erleichtern, stelle ich Ihnen diese beiden Möglichkeiten vor:

Verschweigen Ihres toten Kindes.

Das Verschweigen Ihres toten Kindes ist der einfachere Weg. Sie spielen damit der Umwelt eine heile Welt vor. Sie muss sich nicht mit der Tatsache des Kindstodes (vor der) Geburt beschäftigen.

Der Nachteil dieser Entscheidung ist, dass die Gesellschaft damit nichts von der Häufigkeit des frühen Kindstodes erfährt und damit auch nicht lernt, angemessen damit umzugehen.

Einbeziehung Ihres toten Kindes

Das Einbeziehen Ihres toten Kindes ist der schwierigere Weg. Sie müssen sich damit auf die unterschiedlichsten Reaktionen der Menschen einstellen. Der große Vorteil dieser Entscheidung liegt darin, dass die Gesellschaft stärker mit dem Thema Stillgeburt in Berührung kommt und damit eine Möglichkeit hat, langfristig immer besser damit umzugehen. Eine gute Formulierung ist z.B.: *„Ich habe drei Kinder, Karl und Leonie an den Händen und Lisa im Herzen".* Sie haben damit auch die Chance, dass Sie einen Menschen treffen, der Verständnis für Sie und Ihre Situation hat.

Der Nachteil dieser Entscheidung liegt darin, dass in den seltensten Fällen diese Reaktion vorausgesehen werden kann. Es kommt die gesamte Bandbreite zwischen Anteilnahme über Entsetzen und Schweigen bis zum Ignorieren vor. Die Schwierigkeit für Sie ist, mit dieser unberechenbaren Reaktion gut umgehen zu können. Sie sollten dann nicht enttäuscht sein, wenn zum Beispiel Ihre frühere Schulfreundin, die Sie nach vielen Jahren wieder treffen, hier keine Anteilnahme zeigt.

Kinderlose Eltern

Wenn Sie kein lebendes Kind haben, was antworten Sie auf die Frage nach der Anzahl Ihrer Kinder? Sind Sie Mutter? Sind Sie Vater? Amtlich sind Sie das nur, wenn Ihr stillgeborenes Kind mindestens 500 Gramm gewogen hat. Was sagen Sie jedoch im Bekannten- und Freundeskreis?

Nach dem allgemeinen Verständnis unserer Gesellschaft gehört zu Eltern auch zumindest ein Kind. Ohne Kind sind Sie „nur" ein Paar. Hierbei muss für die Gesellschaft das Kind vorzeigbar sein. Wenn es nicht sichtbar ist, dann existiert dieses Kind für die Gesellschaft nicht. Das macht es den verwaisten Müttern schwer, sich als Mutter zu fühlen: *„Als Mutter wird man in der Gesellschaft nur anerkannt, wenn man ein LEBENDES Kind hat."*

„Vor allem meine Schwiegermutter redete es mir ein, in ihren Augen war es kein Kind, was da in meinem Bauch war, also konnte ich ja wohl auch keine Mutter sein! (15. SSW)"

„Ich durfte meine Muttergefühle ja nicht ausleben und habe sie strikt unterdrückt. (36. SSW)"

„Es ist alles so unwirklich gewesen – so als ob es nie existiert hätte – es wurde von allen totgeschwiegen."

Fühlen Sie sich trotzdem als Mutter? Diese Frage stellte ich bei einer Umfrage unter verwaisten Müttern. Die meisten Frauen gaben an, dass sie sich als Mutter fühlen, auch wenn das Kind schon in den ersten SSW verstorben war. Für sie zählte nicht die Dauer der Schwangerschaft, sondern die Tatsache, schwanger zu sein. Sie setzten Schwangerschaft mit Mutterschaft gleich:

„Ich dachte, wenn ich es nicht schaffe, ein Kind lebend zur Welt zu bringen, dann bin ich auch keine Mutter. Erst der Kontakt mit anderen Betroffenen hat das Gefühl umgekehrt".

„Ich bin auch die Mutter meiner fehlgeborenen Kinder."

„Für mich selbst fühle ich mich so, anderen gegenüber scheue ich mich, dies zu äußern. Ich fühle mich als Mutter, weil ich den kleinen Embryo bereits als Mensch, als unser Kind empfand, mich auf das Baby freute, unsere Zukunft ausschmückte und eine innige Beziehung zu dem Ungeborenen aufbaute."

„Ich habe all die Liebe und Fürsorge in mir, die jede Mutter hat, kann sie aber leider nicht ausleben. Auch ich habe ja mein Baby zur Welt gebracht, wie andere Mütter auch."

„Ich habe meine Tochter normal entbunden, sogar die Muttermilch ist trotz Medikamenten eingeschossen. Unser Kind ist im Stammbuch mit seinem Namen eingetragen."

„Seit Beginn der SS fühlt man sich durch die Veränderungen des Körpers als Mutter, baut eine enge Bindung zum Kind auf, spürt die Kindesbewegungen. Nach dem zweiten Kind habe ich mich noch mehr als Mutter gefühlt, weil unser Sohn auf natürlichem

Wege zur Welt kam; beim ersten Kind war es eine Ausschabung."
„Ich fühlte mich sofort als Mutter als ich die SS bemerkte. Ich handelte ab diesem Tag wie eine Mutter. Irgendwie war das so. Auch wenn mein Kind nicht bei mir ist, ist es mein Kind, also bin ich auch die Mutter dieses Kindes."
„Mein Kind war ein richtiger Mensch (schon 8 cm groß)."
„Ich habe meinen Sohn 6 Monate unter meinem Herzen getragen ihn ganz normal entbunden, ich liebe ihn und er wird in unserer Familie immer der Erstgeborene sein."

Es spricht somit nichts dagegen, wenn Sie sich als (bisher) kinderloses Ehepaar als Eltern fühlen. Unterdrücken oder verleugnen Sie daher nicht Ihre Mutter- bzw. Elterngefühle.

Viele verwaiste Eltern erfahren einen Wechsel im Freundes- und Bekanntenkreis, weil einige aus den bisherigen Kreisen mit der neuen Lebenssituation von verwaisten Eltern nicht oder schlecht umgehen können und sich zurückziehen.

„Sie hatten kein Verständnis dafür, dass es mir nicht gut geht."
„Fühlte mich von ihnen vollkommen alleine gelassen und unverstanden."
„Den Kontakt komplett abgebrochen haben wir nicht, nur die Bedeutung der Freundschaft ist eine andere, weniger intensiv."
„Konnten es nicht verstehen, warum ich trauere und dass dieses Kind gelebt hat."
„Sie setzten uns unter Druck, weil wir nicht ausgelassen waren."
„Ich wurde in der schwersten Zeit meines Lebens alleine gelassen."
„Erste Kontaktversuche unserer Freunde erfolgten erst nach vielen Wochen, in der Hoffnung, es sei wieder alles ‚wie vorher'."
„Für sie gab es dieses Kind nicht und mir ging es nicht gut. Da wollten sie nichts mehr von mir wissen. Sie finden es übertrieben, dass ich an mein Kind denke und mich als Mutter bezeichne."
„Sie waren nicht da, haben mich ‚angegriffen', hatten kein Ver-

ständnis, meinten, ich solle von der neuen Schwangerschaft doch nix erzählen, bevor ich sicher bin, damit ich nicht wieder alle mit einem toten Kind belaste."

Liebgewonnene Freunde zu verlieren, ist schmerzlich. In gewissem Maße können Sie dem entgegenwirken, indem Sie Ihre Freunde einladen und ihnen Bilder – ggf. auch die Ultraschallbilder – Ihres Kindes zeigen. Damit bekommen Ihre Freunde einen ersten Bezug zu Ihrem verstorbenen Kind und können auch besser verstehen, dass Sie so sehr trauern. Im zweiten Schritt sollten Sie dann Ihre Wünsche an Ihre Freunde formulieren, was Sie sich von ihnen erwarten. Sie können Sie auch auf die Internetseite www.stillgeburt.de hinweisen. Dort sind auch wertvolle Hilfen für Freunde und Angehörige verwaister Eltern zu finden.

8.4 Wenn dir das Leben eine Zitrone reicht

Wenn dir das Leben eine Zitrone reicht, versuche Limonade daraus zu machen. (Dale Carnegie) Dieser zur Lebensweisheit gewordene Satz passt auf viele Situationen. Es mag auf den ersten Blick verrückt erscheinen. Wie soll aus dem Tod eines Kindes etwas Gutes werden? Wie es andere verwaiste Mütter gemacht haben, das sei hier kurz aufgeführt:

Barbara Künzer-Riebel

Barbara Künzer-Riebel ist ihr Kind kurz nach der Geburt verstorben. Sie kämpfte sich durch Verzweiflung, das Unverständnis der Umgebung und Partnerschaftskrisen und die Angst während einer neuen Schwangerschaft durch. Sie fand dabei weder in den vorhandenen Büchern noch bei den professionellen Helfern wirkliche Hilfe und suchte deshalb Gleichbetroffene. Zusammen mit diesen Frauen entdeckte sie, dass ihre Probleme mit dem Tod ihres Kindes und der Trauer ganz normal waren. Den anderen ging es ähnlich. Aus den einzelnen Brief- und Telefonkontakten entstanden mit der Zeit Gesprächskreise und Brief- und Telefonzirkel, um den betroffenen Eltern – und neu hinzugekommenen – Hilfe in dieser schweren Zeit anzubieten und wieder Mut zum Leben zu machen. Es sollte ihnen gezeigt werden, dass sie mit ihren Sorgen nicht alleine sind. Hieraus entstand die „Regenbogen-Initiative" als Zusammenschluss von Eltern, deren Kind vor, während oder nach der Geburt gestorben ist. (Siehe: Lutz: Nur ein Hauch von Leben, S. 4.)

Alexandra Bosch
Alexandra Bosch gebar im September 1994 in der 41. SSW ihr erstes Kind, ihren Sohn Maximilian. Nach wenigen Tagen starb er aufgrund eines Herzfehlers. 1998 begann Frau Bosch mit der Unterstützung der Stiftung für Bildung und Behindertenförderung mit dem Maximilianprojekt. Um Frauen und Eltern bestmögliche Hilfe und Beistand zu leisten, berät sie mit einem Psychotherapeuten, einem Frauenarzt für Pränataldiagnostik und Genetik, einem Allgemeinmediziner, einem Theologen, einem Kinderarzt, einer Hebamme und Frau Hannah Lothrop verwaiste Eltern. Im Jahr 2000 schuf Frau Bosch die Internetseite „www. maximilianprojekt.de" als ein großes Internetforum für verwaiste Eltern und Angehörige. (Siehe: http: //www.maximilianprojekt.de/)

Lisa Schiller
Lisa Schiller verlor im Mai 1997 in der 29. SSW ihre Tochter Katja. Sie gründete nach der Überwindung der ersten Trauer die Internetseite „www.totgeburt.net" und schreibt seither Bücher für Betroffene, Angehörige und Klinikpersonal. Hierin gibt sie ihre leidvollen Erfahrungen wieder

und weist darauf hin, was im Umgang mit verwaisten Eltern zu meiden ist und was für sie hilfreich ist. (Siehe: http://www.totgeburt.net)

Und Sie – Ihr Weg? ?
Sie brauchen diese Frauen nicht zu kopieren. Diese Beispiele sollen vielmehr zeigen,
– dass es überhaupt möglich ist, dem Tod des Kindes einen Sinn zu geben, und
– wie es andere verwaiste Mütter gemacht haben.
„Denke daran, dass Du die Vergangenheit nicht ändern kannst. Aber Du kannst Dich der Gegenwart stellen und die Zukunft positiv beeinflussen." (J.-C. Student)

8.5 Fragen über Fragen

Der Tod eines Kindes wirft viele Fragen auf. Die gewichtigsten und häufigsten sollen hier beantwortet werden.

Warum ist das passiert?
Warum Kinder während der Schwangerschaft, während oder nach der Geburt sterben, vermag niemand zu sagen. Die Medizin kann nur manchmal die Todesursache benennen. Warum aber die Welt so ist, wie sie ist, weiß niemand. Wir müssen lernen, mit dieser Tatsache zu leben.
„Hoffnung ist nicht die Überzeugung, dass etwas gut ausgeht, sondern die Gewissheit, dass etwas einen Sinn hat, egal wie es ausgeht." (Václav Havel (*1936))

Wer hat Schuld?
Wenn jemandem die Schuld am Tod des Kindes gegeben werden kann, so der Natur. Es ist natürlich,
– dass sich nicht immer alle Organe entwickeln,
– dass Fehlbildungen erfolgen,

- dass die Plazenta das Kind nicht ausreichend mit Blut versorgt,
- dass die Nabelschnur zu kurz ist,
- dass es Probleme während der Schwangerschaft gibt,
- dass die Geburt nicht planmäßig verläuft,
- dass ein geborenes Kind plötzlich tot ist.

Nicht Ihr Körper hat Ihr Kind umgebracht. Es ist schlichtweg natürlich, dass Kinder sterben, auch schon während der Schwangerschaft. Die Medizin kann auch heute hierbei nur in wenigen Fällen diesem Tod vorbeugen.

Hätte ich es verhindern können?
Wenn sich der Tod eines Kindes in der 1. Hälfte der Schwangerschaft ereignete, hatte das Kind trotz unserer High-Tech-Medizin keine Chance.

Starb das Kind gegen Ende der Schwangerschaft, so hätte man dem Kind nur dann helfen können, wenn die Probleme rechtzeitig erkannt worden wären und wenn die Medizin etwas dagegen hätte unternehmen können.

Völlig chancenlos ist ein Kind bei Plazentainsuffizienz, bei unbekannter Todesursache, plötzlichem Kindstod, tödlichen Fehlbildungen und wenn mehrere tödliche Faktoren zusammenkommen, so z.B. wenn die Nabelschnur zu kurz ist und sich diese während der Geburt um den Hals des Kindes gelegt hat. Niemand hätte diesen Tod verhindern können.

Was hätte man dagegen tun können?
Man kann nur gegen etwas tätig werden, das im Vorfeld bekannt ist und wogegen man Mittel und Möglichkeiten besitzt. Dies ist jedoch in den allerwenigsten Fällen gegeben.

Warum geschieht so etwas ausgerechnet mir?
Kismet – so nennen es die Muslime. Schicksal, so ließe es

sich übersetzen. Man könnte auch Zufall sagen. Vieles in unserem Leben ist Zufall: Dass wir als Junge oder Mädchen geboren wurden, dass wir in Mitteleuropa geboren wurden, dass wir nicht blind, taub oder sonst wie behindert geboren wurden.

Sehr bedrängend wird diese Frage, wenn man um mehrere Kinder trauert oder sich so abgemüht hat, dass das Kind gesund geboren werden konnte und es schließlich doch starb.

Es gibt keine Antwort auf die Warum-Fragen. Wir müssen lernen, mit den Tatsachen des Lebens zu leben.

Warum kann ich nicht bei meinem Kind sein?

Der Tod hat Sie von Ihrem Kind getrennt. Diese Trennung kann erst durch Ihren eigenen Tod aufgehoben werden. Daher haben viele verwaiste Mütter vorübergehend den Wunsch, einfach nur tot zu sein, um bei ihrem Kind sein zu können.

Auch wenn solche Gedanken erscheckend sind, so sind sie völlig normal. Es ist das natürliche Bedürfnis einer Mutter, bei ihrem Kind zu sein. Besorgniserregend wird es erst, wenn Sie sich Gedanken machen, wie Sie Ihren eigenen Tod bewerkstelligen könnten. Professionelle Hilfe sollten Sie sofort in Anspruch nehmen, wenn Sie für sich entschlossen haben, durch Ihren eigenen Tod Ihrem Kind nachzufolgen.

Warum fühle ich mich so allein?

Das große Verlassenheitsgefühl ist nach dem Tod eines Kindes normal. Der Mensch, auf den man sich so sehr gefreut hat, sein eigen Fleisch und Blut, ist tot. Dies löst nicht nur schmerzliche Gefühle der Trauer aus, sondern auch der Einsamkeit.

Werde ich jetzt verrückt und drehe durch?

Was Sie jetzt durchleben, ist mit nichts anderem vergleichbar. Der Tod des eigenen Kindes gehört zum Schlimmsten, das ein Mensch erleben muss.

Weil Sie nichts Ähnliches erlebt haben, sind alle Ihre Gedanken und Gefühle so fremd. Weil nichts so schwer wiegt, sind diese Gefühle auch so überstark, dass Sie sich als deren Spielball vorkommen.

Sie haben sich nicht mehr in der Gewalt, weil der Tod eines Kindes übermächtig ist.

Sie sind daher nicht verrückt in dem Sinne, dass Sie therapiert werden müssten. Sie sind nur ver-rückt im Sinne, dass der Tod Ihres Kindes Sie aus der Bahn geworfen hat.

Allein der Tod eines Kindes ist etwas, was nicht in unser Weltbild gehört. Zunächst sterben die Alten und Kranken. Kindern gehört das Leben, gehört die Zukunft. - Ihr Kind hatte jedoch keine Zukunft, sondern nur ein sehr kurzes Leben. Es hatte ein Leben, in dem es mit seiner ganzen Dauer Ihnen sehr nahe sein durfte. Näher kann man einem Menschen körperlich nicht sein.

Hören die ständigen Tränenausbrüche auch einmal auf?

Ja, die Tränenausbrüche hören einmal auf. Erst verschwinden die aus dem heiteren Himmel kommenden Heulkrämpfe, dann auch die durch äußere Anlässe (Trigger) erzeugten Heulkrämpfe. Was jedoch bleibt, das ist der Schmerz, wenn Sie sich an Ihr Kind erinnern bzw. daran erinnert werden. Dies kann Jahre dauern. Es wird anders, auch wenn Sie es momentan nicht für möglich halten können.

Bin ich eine vollwertige Frau?

Häufig geraten Frauen durch den Tod eines Kindes während der Schwangerschaft in eine tiefe Sinn- und Lebenskrise. Sie sehen sich nicht als vollwertige Frau. Sie erleben sich als Versagerin, das Einfachste und Natürlichste der Welt nicht hinzubekommen: Kinder zu gebären.

Auch wenn es Ihr Körper ist, der die Geburt eines gesunden Kindes erschwert oder gar unmöglich macht, so sind Sie eine vollwertige Frau. Frausein ist losgelöst vom Begriff der Mutterschaft. Sie empfinden, denken und handeln als Frau. Ihr Körper ist der einer Frau. Auch wenn Ihnen Mutterschaft erschwert oder gar unmöglich ist, so sind Sie mit Ihrer ganzen Person eine vollwertige Frau.

Werde ich mein Kind einmal vergessen?

Was auch immer Sie tun, Sie werden Ihr Kind nie vergessen. Meine Mutter sagte beim Tod meines Vaters: „Jetzt haben die Kinder ihren Vater wieder." Dies war eine Andeutung darauf, dass zwei ihrer Kinder im 4. Schwangerschaftsmonat gestorben sind. Obwohl ich seit 2003 zum Thema Stillgeburt Bücher schreibe und jeder in der Familie es wusste, sprach meine Mutter nie mit mir darüber. Erst beim Tod meines Vaters im Jahre 2006 ergab sich diese Offenlegung. Auch Sie werden Ihr Kind nie vergessen, selbst nach Jahrzehnten nicht.

Warum kommen viele Menschen mit mir nicht klar?

Der Tod eines Kindes gehört zu den größten Herausforderungen des Lebens. Nur wenige Menschen können damit gut umgehen. Viele Menschen meinen, dass nach Wochen, Monaten oder spätestens nach einem Jahr der Tod eines Kindes überwunden sein müsste. Einige sehen in einem während der Schwangerschaft verstorbenen Kind nur einen Zellhaufen. Sie wissen es einfach nicht besser. Es ist auch schwer, ihnen verständlich zu machen, was es heißt, um ein fehl- oder totgeborenes Kind zu trauern.

Es liegt meist an der Hilflosigkeit dieser Menschen, gut mit Leidenden umzugehen, wenn sie sich in solchen Situationen von den Betroffenen zurückziehen.

Die Frage nach dem Folgekind

Die meisten Frauen, deren Kind während der Schwangerschaft gestorben ist, besitzen einen ungebrochenen Kinderwunsch. Bei einigen ist er seit der Stillgeburt eher noch größer geworden. Allen gemeinsam ist die Angst, dass auch das nächste Kind während der Schwangerschaft sterben könnte.

Ärzte können häufig die Wahrscheinlichkeit der Wiederholung einer Stillgeburt ungefähr in Zahlen ausdrücken, aber sie können sie nicht sicher ausschließen. Auch wenn bekannt ist, was den Tod des Kindes verursacht hat und die Medizin in der Lage ist, den Tod weiterer Kinder aus denselben Gründen zu verhindern, so bleibt doch die Sorge, dass das Kind aus einem anderen Grunde sterben könnte.

Das Risiko der Wiederholung einer Stillgeburt ist der Grund, weshalb viele Paare – besonders die Frauen – Angst vor einer Folgeschwangerschaft haben. Sie wollen diesen Schmerz der Trauer um ein gestorbenes Kind nicht nochmal erleben. Diese Haltung ist eine natürliche Schutzreaktion: Leid will vermieden werden.

Immer wieder wird nach dem Tod eines Kindes die Frage gestellt, ob man sich auf eine neue Schwangerschaft einlassen könne. Doch ohne das Wagnis einer neuen Schwangerschaft besteht keine Chance auf ein (weiteres) lebendes Kind. Frauen fühlen sich hier häufig in einem Wechselbad der Gefühle. Auf der einen Seite ist die Sehnsucht nach einem (weiteren) lebenden Kind groß. Auf der anderen Seite steht ihnen die Angst vor dem Tod dieses Kindes im Weg. Von Sehnsucht und Angst hin und her gerissen können sich viele Frauen nicht entscheiden. Vielleicht kann aber folgende Überlegung helfen: Wägen Sie Sehnsucht und Angst gegeneinander ab. Ist Ihre Angst größer, warten Sie noch mit der Folgeschwangerschaft. Ist Ihre Sehnsucht um ein Kind größer, lassen Sie sich auf die Folgeschwangerschaft ein.

Nur Sie können diese Abwägung vornehmen. Daher können nur Sie sich selbst diese Antworten geben. Niemand kann für Sie diese Entscheidung treffen.

Welcher Weg für Sie der richtige ist, können nur Sie sagen. Fühlen Sie hierzu in sich hinein. Versuchen Sie sich mal gedanklich auf den einen Weg, mal auf den anderen Weg einzulassen. Was fühlt sich für Sie besser an? Was ist für Sie stimmiger? Dies kann eine wertvolle Hilfe für Sie sein.

Anhang

Checklisten der Klinik

Folgende Checklisten der Klinik zum professionellen Umgang mit Stillgeburt sind als PDF-Datei aus dem Internet zu laden unter: www.stillgeburt.de:

- Tod eines Kindes in den ersten 12 SSW
- Geburt eines toten Kindes bis zu 500 Gramm
- Geburt eines toten Kindes mit mind. 500 Gramm
- Tod eines lebend geborenen Kindes

Infomappe für die Eltern

1995 hat die Initiative Regenbogen das Konzept der Elternmappe entwickelt. Sie hat den Sinn, alle Erinnerungsstücke an das tote Kind darin wie in einer Schatztruhe aufzubewahren. Im Englischen hat sich hierfür der Begriff „mementoes" (Erinnerungen) eingebürgert. Diese Infomappe ist zu beziehen unter: www.initiative-regenbogen.de.

Tiefe Spuren kleiner Füße

Das Heft „Tiefe Spuren kleiner Füße" ist speziell für die Eltern geschrieben, deren Kind tot geboren wurde. Wie in einer Geburtsanzeige wird darin der Name des Kindes, sein Geburtstag, Größe und Gewicht, sowie der Name der Eltern festgehalten. Für Hand- und Fußabdrücke des Kindes (oder ein Ultraschallbild) ist eigens Platz. In der Mitte des Heftes ist ein Segen für das tote Kind enthalten.

Weiterführende Internetseiten

Das Internet hält eine Vielzahl von Hilfen und Informationen für verwaiste Eltern bereit. Einige Internetadressen sind hier aufgeführt:

- www.initiative-regenbogen.de
- www.glueckl<seschwangerschaft.at
- www.verein-regenbogen.ch
- www.veid.de
- www.kindergrab.de
- www.stillgeburt.de

Anlaufstelle für Selbsthilfegruppen

NAKOS – Nationale Kontakt- und Informationsstelle zur Anregung und Unterstützung von Selbsthilfegruppen
Albrecht-Achilles-Straße 65
10709 Berlin
Internet: www.nakos.de; E-Mail: nakos@gmx.de

Beispiele von Geburtsanzeigen

Geburtsanzeige für die totgeborenen Robert und Daniel:

Hallo zusammen,
am 2. Mai wurden unsere Söhne Robert und Daniel tot geboren.
Die Welt steht für uns nun Kopf:
Nie sollten Eltern in das Grab ihrer Kinder blicken müssen,
doch wir haben es zu tun.
Unseren Händen sind sie genommen,
doch in unseren Herzen werden sie immer bleiben.
Wir trauern sehr!
Nicole & Jürgen – mit Robert und Daniel im Herzen

Geburtsanzeige für das „Folgekind" Lilli:

Hallo zusammen,
am 21.September um 20:02 Uhr wurde unsere Tochter Lilli geboren.
Sie ist 51 cm groß und 3210 g schwer. Wir sind froh und dankbar sie
gesund und munter bei uns zu haben.
L iebe empfinden wir für Dich
I ntensives Glück
L ebensfreude strahlt aus Deinem Gesicht
L achend und dankbar halten wir Dich
I n unseren Armen
Wir freuen uns sehr!
Nicole und Jürgen – mit Robert und Daniel im Herzen

Literatur

Kostenlose Broschüren
- Ministerium für Kultus, Jugend und Sport Baden-Württemberg (Hg.): Um Umgang mit Trauer in der Schule. Handreichung für Lehrkräfte und Erzieher/innen.
- Vereinigte Evangelisch-Lutherische Kirche Deutschlands (Hg.): Eine ‚Erste Hilfe' für Eltern, die ihr Baby verlieren, und alle, die sie unterstützen wollen. (9. Auflage, 2009)
- Deutsche Bischofskonferenz (Hg.): Wenn das Leben mit dem Tod beginnt – Eltern trauern um ihr totes neugeborenes Kind - Hinweise zur Begleitung, Seelsorge und Beratung. Arbeitshilfe 174 (2003)

Hefte
- Klaus Schäfer: Tiefe Spuren kleiner Füße. (2011)
- Initiative REGENBOGEN „Glücklose Schwangerschaft" e.V. (Hg.): Erstinformationen für Eltern „für immer in unseren Herzen"

Bücher
- Klaus Schäfer: Trauerfeiern beim Tod von Kindern: Liturgische Hilfen zur Verabschiedung und Beerdigung (2010)
- Klaus Schäfer: Dennoch gute Hoffnung: Erfahrungsberichte und Daten zur vorgeburtlichen Diagnose (2012)